ポスト若手時代を
逞しく生き抜くための心得

学級経営OVER35

加固希支男

明治図書

はじめに

教師というのは、とても楽しい仕事です。

なぜなら、自分の個性を思いきり発揮してよいからです。

もしかすると、若手や中堅の先生の中には、

「今の時代、教師はなかなか個性が出せない」

と思っている方もいるかもしれません。

確かに、隣のクラスや学校全体でそろえなければならないこともあります。

しかし、そんなのはどんな仕事でも当たり前のことです。まわりとの調和を考えないで、自分勝手に振る舞うことはできません。

しかし、いざ子どもの前に立つと、臨機応変に対応しなければならないことの連続です。

臨機応変に対応するということは、そこでは、自分の個性を存分に発揮してよいということです。

さて、この本を手に取ってくださった先生は、ある程度教師の経験を積んできたものの、多かれ少なかれ、今の自分の学級経営に不安を感じている方が多いのではないかと思います。
でも、安心してください。
それは私も同じです。
というか、学級担任を何十年経験しても、自分の学級経営に絶対の自信をもっている先生などいないと思います（もしいるとしたら、そんな人は信用してはいけません！）。

学級経営というのは、最終的には、自分でよりよいと思う方法を選択し、覚悟を決めて実践し続けていくしかないと思います。
しかし、ただ年齢を重ね、教師生活を続けてい

るだけでは、自分で考え、自分の責任で行動できるようにはなりません。

本書では、そういった〝自立した教師〟として学級経営を行っていくために、教職を10年程度経験した「ポスト若手世代」が心得ておくべきだと私が考えることをまとめました。

（本書で紹介していることも含め）その方法がよいか悪いか、そんなことは実際にやってみないとわかりません。

成功するとか失敗するとか、そんなことは二の次で、自分が今「やるべきだ」と思うことを覚悟を決めてやりきることこそが、自立した教師になるための第一歩ではないかと思います。

学級経営は、愛です。
子どもと保護者への、愛です。
いつも、自分の精一杯の愛を学級に注いでください。
精いっぱいの愛は、個性と覚悟がないと注げません。
愛は、「あなたでなければいけないの！」というものですからね。
（私は何を言っているんでしょうか…）
ということで、みなさんで一緒に楽しく学級経営に悩みましょう！

２０２０年２月

加固希支男

もくじ
Contents

第1章 子ども対応OVER35

第2章 生活指導OVER35

第3章 授業づくりOVER35

第4章 保護者対応OVER35

第0章

若手教師を卒業したら向き合いたい学級経営にかかわる5つの問い

何のために学級経営をしているのか？

≫ 自分なりの答えをもつ

何のために学級経営をしているのか。

ひと通りの仕事を経験してきて、若手教師を卒業したと思ったら、まず考えてみたい根源的な問いです。

正解は1つではありませんが、自分なりに明確な答えをもつことは重要です。なぜなら、**何か問題が起きたときや判断に迷ったとき、「自分は何のために学級経営をしているのか」という原点に戻れば、自ずと答えが見えてくるから**です。

少なくとも、「問題を起こさないため」とか「保護者からのクレームを受けないため」とか、そういったことは、この問いの答えにはなりません。

》自立と孤立

私の答えは、**「子どもを自立した人にするため」**です。

自立と孤立は違います。

自立した人というのは、自分の考えを尊重しつつ、まわりの人の考えも尊重できる人です。

そして、だれかに依存して生きるのではなく、自分の考えを大切にしながら、だれとでも協力して、自分の目標や目的に向かって進んでいける力をもっている人です。

孤立した人というのは、自分の考えを最優先にして、他人の考えを尊重できない人です。自分の目標や目的を成し遂げるためには、まわりの人に自分の考えを押しつけ、力づくで抑え込もうとする人です（そこまでいくと、孤立以前に、だいぶ浮いた存在になっていると思いますが…）。

≫ 簡単に納得しない

入学したての1年生は、右も左もわかりません。だから、何でも先生に質問します。わからないことを質問すること自体は悪いことではありませんが、ちょっと自分で考えればわかることを、いつまでも先生に質問しているのは考えものです。

例えば、

「先生、休み時間は遊んでいいんですか？」

と質問されたとします。

ここで、

「休み時間は遊んでいいんだよ」

と答えるのは簡単です。

子どもも安心して過ごせるでしょうが、**そんなに簡単に安心させてはいけません。**

さらに、

「君はどう思う？」

と聞いてみるのです。

きっとその子も、上学年の子どもが遊んでいる姿を見て、「遊んでいいのだろう」と思って先生に質問しているはずです。でも、自信がないから聞きに来たのです。

その子は、

「遊んでいいと思う」

と答えるでしょう。

そうしたら、**さらに追い打ちをかけます。**

「どうしてそう思うの？」

と聞くとよいでしょう。

こうしてやっと、その子が考えた、遊んでもよい根拠が出てきます。

「だって、休み時間になったら、みんな遊んでいるから、遊んでいいと思った」

というような答えが返ってくるでしょう。

そうしたら、

「そうやって、自分で考えてみることが大事なんだよ」

とほめることも忘れてはいけません。

「自立する」とはどういうことなのか？

≫ ただ年齢を重ねるだけで自立はできない

子どもは、多かれ少なかれ、教師や友だちに依存するものです。

「これはやっていいの？」

という質問が多いのは、自分で決められるだけの経験がないからです。

では、年齢が上がれば、自然に自分で考えて行動できるようになるかと言えば、そうとも言えません。

大人でも、だれかの判断や指示がなければ動けない人はたくさんいます。

「任せたよ」

と言っても、

「これでいいですか？」

と逐一確認を求めます。

おそらく、自分で責任をもつのが怖いのだと思います。失敗したとき、自分の責任にしたくないと思う人もいるかもしれません。

いずれにしても、**ただ年齢を重ねているだけでは、自分で考えて、自分の責任で行動できるようにはならない**のです。

》行動までがひと括り

自分で考え、行動するときに重要なのが、**「どうして？」と自問する力**です。

「なぜこれをするのか」

「なぜこれをしてもよいのか」

といった、自分の行動を判断するための根拠です。

前項の例で言えば、

「どうしてそう思うの？（どうして休み時間に遊んでいいと思ったの？）」

という質問に対する答えです。

この質問を、教師から投げかけられるのではなく、自分で自分に投げかけられるようになることが重要なのです。

また、考えたことを行動に移す力も重要です。

例えば、だれかが困っているとき、助けてあげようと考えても、実際に行動に移さなければ、困っている人を助けたことにはなりません。

私は、「考えることで終わりにするのではなく、行動に移すところまでをひと括りにしてほしい」と子どもに伝えています。

》だれとでも協力する目的

自分の考えがもてるようになったとしても、だれかに依存しないと行動できないのであれば、結局は他人の考えに支配されてしまいます。どんなによい考えをもっていても、「○○さんと一緒にいること」を優先すれば、○○さんの意見に流されてしまうものです。

だれかに依存するということは、その人の考えに自分が支配されるということです。

そういう子どもの姿を、小学校では実によく見かけます。
見るたびに「もったいないなぁ」と思います。

だれかに依存しないためには、まずは自分の考えをもつことです。そして、だれとでも対等につき合うことだと思います。もちろん、相手への尊敬の念をなくしてはいけませんが、「だれかがいないと行動できない」というのでは困ります。

そのために、私は子どもに**「だれとでも協力すること」**を求めます。休み時間までそれを強要すると、子どもも疲れてしまうので、**公の時間である授業の時間に求める**のです。授業だけでなく、掃除や給食、宿泊学習も公の時間です。

公の時間を使って、少しずつ人とのかかわり方

を学ばせるのです。

最初は、「この人とはあまり話したことがないから、話しにくいな」と思っていても、何度もかかわることで話しやすくなります。そして、一緒にいろいろな活動をしたり、相談したりできるようになります。相手のよい面を見つけることもあるでしょう。

もちろん、休み時間になれば、また気の合う友だちと過ごせばよいのです。

一人で過ごしたければ一人で過ごせばよいのです。

そうやって、無理なくだれとでもかかわり、協力する力を養っていきます。

自立と孤立は紙一重です。

そこを見極めて、子どもに声かけをしたいと考えています。

——なんて言いながら、私が孤立していると感じるのは気のせいでしょうか…。

「相手意識」はなぜ必要なのか？

相手意識をもつということ

学級は、基本的には楽しいのが一番だと思います。

だから、あまり細かいルールをつくる必要はありません。

しかし、やるべきことをちゃんとやらず、自分の好きなことだけをやっている、というのは違います。

よく子どもに、「楽しむ」と「ふざける」の違いについて話をします。

「楽しむ」というのは、自分だけでなく、まわりも楽しくなることです。

「ふざける」というのは、自分だけ楽しくて、まわりは嫌な気持ちになることです。

だから、「楽しむ」のはよいけれど、「ふざける」のはよくないのです。

要するに、2つの違いは、**まわりも楽しいか否か**です。つまりは、相手意識をもっているか否か、ということになります。

極端に言えば、まったく同じことをしていても、「楽しむ」になることもあれば、「ふざける」になることもあります。

例えば、大きな声で友だちと笑顔で話しているとします。これが休み時間なら、多くの場合、「楽しむ」になるでしょう。だれも傷つかない内容で、まわりで聞いている人も嫌な気持ちにならないのであれば、何も問題はありません。

しかし、これが授業時間に教室移動をしているときの廊下だったらどうでしょうか。話している声が授業をしているクラスに響き渡り、明らかに迷惑です。

まわりがどう思うか

相手意識をもって行動すると、判断基準が変わっていきます。

「自分はがんばりました」「自分はちゃんとやりました」と言う子どもがいます。

自分なりにがんばることや、自分の仕事をちゃんとやろうとすることも大切です。

しかし、それが自己満足ではいけません。**「相手（まわり）がどう思うか」が判断基準として大切なことに気づかなければならない**のです。

よく「自分がされたらどう思う?」と子どもに問う先生がいます。

しかし、これはあくまで自己評価を尋ねているだけなので、子どもは「相手（まわり）がどう思うか」という視点ではなかなか考えないと思います。極端な話、「自分はどうも思わない」と言われたら、そこでおしまいです。

》判断基準のすり合わせ

学級経営は何のためにしているかということについて、私は「子どもを自立している人にするため」と先に述べました。そのためには、「だれかに依存しない」ということも述べました。

相手意識をもつということは、一見すると、だれかに依存しているようにも思えます。

しかし、そうではありません。

相手意識をもつことによって、自分の価値観を多様化させることが大切なのです。まわりの人がどう思うかをたくさん考えることで、自信をもって正しいと判断ができるようになっていきます。そうすると、当然まわりの人から認められることも増えていきます。そうすると、自分に協力してくれる人が増え、自己実現の可能性が高まっていきます。そうして最終的に、自立した人になれるのです。

大人になれば、評価は他人がするものだとわかります。そして、どんなに自分がよいと思っていても、他人から認められなければ、自分が望むことはなかなかできるようになりません。大切なことは、**自分の判断基準とまわりの判断基準を比べ、その違いに気づき、少しずつすり合わせていく経験**なのです。そのための第一歩が、相手意識をもつということなのです。

――ちなみに、私、ずっと坊主ですが、自分ではわりと愛くるしいと思っています。でも、この自己評価、結構違うみたいです。意外と…

「やるべきことをやる」のはなぜか？

≫ 好きなことだけやっている人は信用されない

この本を読むと、

「加固という人は、ずいぶん放任主義なのだな」と思う方がいるかもしれません。

確かに、あまりルールで締めつけたり、やる前から「ダメ」と言ったりすることはあまりないかもしれません。

しかし、決して放任主義ではなく、むしろ結構細かい方です。

やらなければならないことで手を抜いていると判断した場合は、すぐに指導します。

指導するときはまったく笑いません。

ちゃんとやっていない子どもにも、ユルめの口調で指導する先生がいますが、そんな忖度は私にはありません。

感情的にではなく、冷酷に伝えるタイプです（イヤな感じですよね）。

時速160㎞の直球で、「やりなさい」と伝えます。

私は、よく子どもに「やるべきことは、ちゃんとやりなさい」と言います。**自分の好きなことだけをやっていると、人から信用されないから**です。そういう人は、集団生活をするうえでは迷惑な存在です。

自分一人なら構いませんが、学校は集団生活をする場ですから、自分がやりたいことだけをやる場ではありません。

だから、やるべきことは、ちゃんとやらないといけないのです。

》手抜きは見逃さない

では、学校生活において「やるべきこと」とは、どんなことでしょうか。

係活動や当番活動、委員会活動、クラブ、掃除、給食当番、人の話を聞くこと、まだまだあるでしょう。

いずれにしても、やるべきことはちゃんとやらせます。その線を引けるか引けないかが、学級経営では大きな違いを生むと考えています。

ちなみに、私は掃除の時間は見回りに徹し、少しでも手を抜いていれば、その場で指導します。

やるべきことをやらせず、「まあまあ」と言っていると、子どもも見抜いてきて、何事にもけじめがつかなくなっていきます。

あまりうるさいことを言わない先生は接しやすいので、子どもとの距離は近くなります。しかし、**一番危険なのは、教師がその距離の近さを「自分は慕われている」と勘違いしてしまうこと**です。

そうなると、「いざ」というときに、子どもは力を発揮しません。

「面倒だから、きっとだれかがやってくれるよ」「がんばらなくてもいいよ」というモードに入ってしまうのです。

気をつけるべきこと

気をつけなければならないのは、何でもかんでも厳しく指導すればよいわけではないということです。

一番は、**長々と説教をしない**ということです。

「○○をちゃんとやりなさい」と言い、1つ2つ小言を加えたら、それで十分です。

そもそも、「やるべきことは、ちゃんとやる」というのは、「言うは易く、行うは難し」なので、「すぐにはできなくてもしょうがない」というゆとりも必要です。

しかし、**とにもかくにも（しつこくならない程度に）言い続けるしかありません。**言い続けることで、少しずつ習慣になっていくからです。

習慣になってしまえば、「やっぱりやらないといけないな」と思うものです。

「他者を認める」とはどういうことなのか？

≫ 気が合わない人がいるのは当たり前

学級というのは、子どもたちの希望を聞いて編成されたものではありません。気が合うから一緒になったわけでも、何か共通の目的があって一緒になったわけでもありません。

ですから、**学級の中に気が合わない人がいても、それは当たり前**のことです。

もちろん、偶然出会った人の中に、とても気が合う人がいる場合もあります。

そして、別に何とも思わない人がいても、これまた当然です。

学級とは、そういうものなのに、なぜか、

「自分の学級は、全員仲がいい」

と、誇らしげに言う先生がいます。

そういう話を聞くたびに、

「それ、本当か?」

「その価値観、しんどくない?」

「子どもがかわいそう」

「いや、ちょっと気持ち悪い」

などと思ってしまいます。

気が合わない人がいること自体を認めないような先生に担任されたら、私のような人は辛いだけです…。

》でも、平和は大切

要するに、気が合う人もいれば、そうでない人もいる、ということを認めたうえで、学級が平和であればいいわけです。むしろ、学級というのは、「だれとでも平和に過ごす力」を養う場所でもあるのです。

「あいつは気が合わないから無視しよう」

「あの子は、いつも優等生気取りだから、いじめよう」

そんなことをしていたら、あっという間にみんなが居心地の悪い集団になってしまいます。

どんなに気が合わない人とでも、問題を起こさないように過ごすことは大切です。

気が合わない人といちいちケンカをしていたら、身がもちません。

まわりだって嫌な気持ちになります。

そして、そうやって自分と気が合わない相手とケンカをしたり、いじめたりするような人は、だんだんとまわりから人がいなくなり、自分の望みなど叶わなくなっていきます。

これは、大人になっても重要なことです。職場や友人関係を思い出せば、容易に想像がつくことでしょう。

だから、子どもにも同じことを言うのです。

「学級全員と気が合うことなんてありません。だって、気が合う人同士で学級ができたわけではないからです。だから、気が合う人もいれば、そうじゃない人もいます。

だけど、だれとでも平和に過ごすことは必要です。

気が合わないからといって、無視したり、ケンカしたり、いじめたりしたら、この学級は楽しくなるかな？

きっと、みんなも過ごしづらくなってしまうよね？

だから、授業や宿泊、委員会や掃除なんかのときは、だれとでもかかわれないといけません。

でも、休み時間や休みの日まで、それを強要なんかしません。

だれとでもかかわって、だれとでも平和に過ごす力は、自分もみんなも楽しく過ごすために必要な力なのです。それを身につけてください」


平和って大切です。

平和とは、みんなが仲がよい状態ではなく、**だれとでもかかわれて、だれかに自分の価値観を押しつけない状態**なんだと思います。

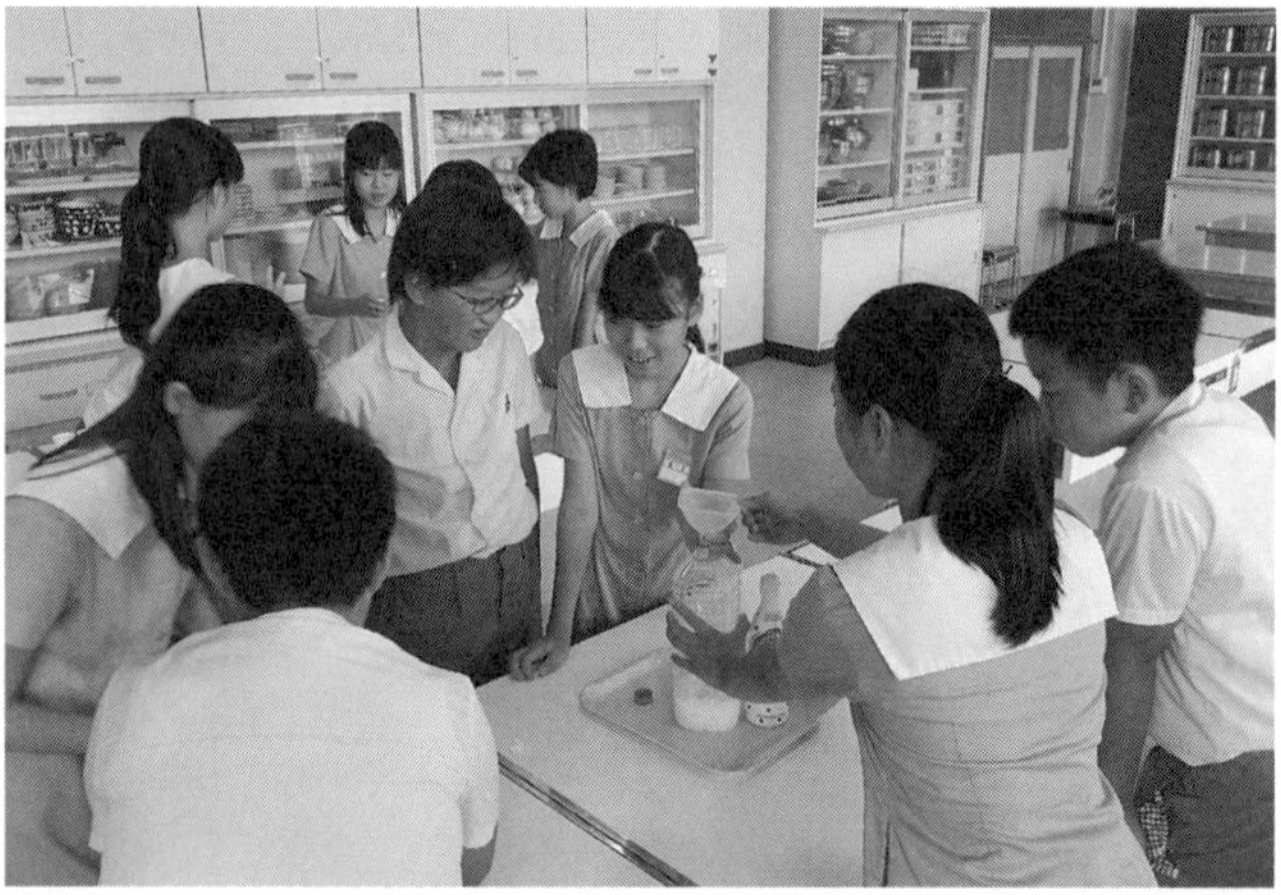

「うちの学級は、全員仲がいい」
そんな話に違和感を覚えたあなた。
あなたの感覚はおかしくない！

第1章

子ども対応OVER35

価値観を子どもに押しつけるな！
でも、確固たる判断基準はもて！

人は、他人に対して自分と同じ価値観を求めがちです。しかし、「十人十色」という言葉があるように、人それぞれ別々の価値観をもっています。

それは、子どもも同じです。

教師というのは、学級の中で大きな影響力をもっています。

自分の価値観を子どもに押しつけることができ、ついつい子どもの価値観を曲げてしまうのです。この傾向は、教師経験を積めば積むほど顕著になるので、ＯＶＥＲ35教師が注意すべきポイントです。

そこで、子どもと接するときに少し心がけたいのが、「自分と同じを求めない」ということです。

実は、これはなかなかできないことです。

正直、私もあまりできていません。それは自覚しています。

しかし、子どもと接するとき、とても大事な考え方だと思っています。

人は、様々な個性をもっているので、それぞれの個性を生かせるようにしていくことが大切です。**自分とは違う個性をつぶさないようにする**ということです。


「そんなことを考えていたら、何も言えなくなってしまう」

と思われるかもしれませんが、そんなことはありません。

「言うべきだ」

と思ったことについては、しっかりと伝えた方がいいと思います。

例えば、忘れ物が多い子どもに対して、それを個性だと言って指導しないのは、教師としての責任を放棄していることになります。

改善するように声をかけ、手立てを考えるのが教師の役目でしょう。

また、いじめをしている子どもたちに対して、

「それも個性だね」

と言ったら、教師でいる資格はありません。

要するに、**「どちらでもいいこと」で、子どもに教師の価値観を押しつけない**ということです。

例えば、学級には外で遊ぶことが好きな子どももいれば、部屋の中で読書をするのが好きな子どももいます。

それなのに、

「休み時間は外で遊びなさい」

と言うのは、教師の価値観の押しつけのように思います。

休み時間の過ごし方まで、だれかに指定されたくありません。もし、自分がそう言われたら、本当に面倒くさいと思います。

きっと、外で遊ぶことを子どもに求める先生は、外で遊んだ方が体力もつくし、活発になると思っているからだと思います。

それは事実だと思います。

ずっと部屋の中で遊んでいても体力はつきません。

外で遊んだ方が、気持ちもすっきりして、活発になることもあるでしょう。

しかし、部屋の中で読書をしたい子どもにしてみれば、大きなお世話です。

本来、休み時間の過ごし方は自由です。自由である以上、過ごし方を押しつける必要もないのです。

しかし、指導すべきことと、教師が押しつけるべきでないこととの線引きは難しいものです。

いじめが指導すべきことで、休み時間の過ごし方が押しつけるべきでないことだというのはわかりやすい例ですが、微妙なこともあります。

本当に細かいことなのですが、私の学校では、給食でフルーツポンチが出ることがあります。

基本的に、給食はつくってくれた人への感謝の気持ちを表し、命をくれた動植物への感謝の気持ちを大切にするために、出されたものは完食することを前提にしています。

しかし、フルーツポンチの汁については、とても微妙です。子どもからも、

「先生、これをすべて飲み切らないといけないですか?」

と聞かれます。

確かに、完食することが給食をつくってくれた人への感謝を表し、命をくれた動植物への感謝の気持ちを大切にすることにはつながります。

しかし、フルーツポンチの汁が甘すぎると感じる子どもに、

「すべて飲みましょう」

とはなかなか言えません。

「味覚は本人にしかわからない」

「いや、やはり出されたものは完食すべきだ」

それぞれの意見があるでしょう。

この例のように、微妙なことのときは、教師の考えを基に判断するしかありません。

ここでの判断基準は、**教師一人ひとりの考え方や信念に基づくもの**です。

私は、子どもがある程度納得できるような判断なら、何も問題はないと考えています。

しかし同時に、**判断の理由をしっかりと自分で考えなければなりません。**

自分と同じを求める必要はない。

でも、教師としての判断基準はしっかりともつ。

そうして、子どもの個性を認めるべきことと、指導すべきことを、その場その場で見極めながら、子どもと接することが必要なのだと思います。

実際、指導すべきことは指導しなければ、学級は成立しません。黙認していたら、傷つく子どもが出てくるような事態が必ず起こるものです。

だからこそ、自分の信念や考え方に基づいて、自分の中での判断基準を固めておく必要があります。

「優しい」と「甘い」の違いを認識せよ！

優しい人が好き。これは子どもも大人も同じです。

しかし、この「優しい」は、学級経営においてとてもやっかいなものです。

若手時代に、「優しい」先生でありたいと思って学級を経営していたら、子どものけじめがなくなり、悪い意味で自由な学級になってしまった…というご経験をおもちの先生もいるのではないでしょうか。

そういった学級は、一見楽しい雰囲気ですが、子どもは成長しませんし、次第に雰囲気も悪くなっていきます。なぜなら、**がんばることが認められなくなるから**です。

一方で、教師に優しさがなければ、学級は殺伐とした雰囲気になります。

何事に対しても厳しすぎると、子どもは抑圧されている感覚になります。そして、教師からの指示が絶対になってしまい、**自分で考えて行動する力が奪われてしまいます。**

この問題と向き合ううえで大事なことは、**「優しさ」と「甘さ」の区別を教師がつけることができるかどうか**だと思います。

私は、「優しさ」とは、**「相手が努力してもできないことについて、助けてあげること」**だと考えています。「甘さ」とは、その反対で、**「相手が努力すればできることなのに、助けてあげること」**だと考えています。

子どもが困っていることを、何でも解決してあげる先生は、子どもから見たら「優しい」先生でしょう。

しかし、ちょっとがんばれば解決できそうなことまでやってあげてしまうのは、「甘い」先生です。

こういったことを繰り返していると、子どもの要求は徐々にエスカレートしていきます。

「宿題やりませんでした」

と言われたら、かわりに教師がやるのでしょうか。

「給食を食べたくないので食べません」

と言われたら、教師がかわりに食べるのでしょうか。

きっと、子どもたちは、「甘い」先生のことも「優しい」先生と認識していて、先生のことを好きになるでしょう。

でも、その理由は、**「何でも言うことを聞いてくれるから」**です。

ただ、自分が楽をできることがうれしいだけなのです。

子どもから何か頼まれたとき、私は、

「これは子どもが努力すればできることだろうか」

と考えます。

そうして考えてから、頼みごとを引き受けるかどうかを判断します。

もし、子どもが少し努力すればできると判断したことについては、

「自分たちでやってごらん」

と、子どもに返します。

それでもしうまくできなかったとしても、その経験が子どもを成長させてくれると信じています。

前章で述べた通り、私は、学級経営の最終的な目標は、子どもたちの自立であると考えています。

しかし、子どものまわりから「できないこと（子どもができないと思っていること）」を何でも排除していってしまったら、子どもはいつまで経っても自立できません。

一方で、がんばっても本当にできないことばかり続けていたら、これはこれで自信を失い、自立は遠退きます。

「これは、子どもが努力すればできることだろうか」

この問いをいつも意識して、子どもへの対応を考えたいものです。

一見もっともらしい「理想の教師像」から逃れよ！

「子どもと遊ぶ先生はいい先生だ」と思われます。

一緒に遊ぶと喜ぶ子どもが多いかもしれません。だから、「子どもと遊ばなくてはいけない」と思ってきた先生も結構いるのではないでしょうか。

でも、本当に子どもと遊ぶ先生はいい先生なのでしょうか。

私はそうは思いません。

と言いつつ、私は子どもと遊びます。

「ワケがわからないな」と思わず聞いてください。

要するに、私が言いたいのは、**子どもと遊ぶかどうかなんてどっちでもよいことで、そんなことで教師の良し悪しなど決まらない**ということです。

私が子どもと遊ぶのは、遊び自体が楽しいと思うからです。

私は週に何度かサッカーをしますが、いつも同じようなメンバーです。その子たちと一緒にいたいのではなく、サッカーをしたいだけです。

サッカーをするときも、基本的に好き勝手に動きます。

強引に点を取りに行きます。

何を言われてもパワープレーに走ります。

もちろん安全を考慮したうえですが、子どもへの忖度など一切ありません。

サッカーをやっているときは、自分が点を取ることが優先です。

サッカーに飽きたら、バスケットボールをしたり、学級菜園を見に行ったり、図書室で本を読んだり、はたまた教室にいる子どもと話したり、〇つけをしたりしています。

要するに、子どもと同じように自由に過ごしているだけです。


「子どもと遊ばないといけない」なんて思う必要はないと思います。

「遊びたいから遊ぶ」「遊びたくないから遊ばない」でよいのではないでしょうか。

むしろ、本当は遊びたくないのに遊んでいる方がおかしいと思うのです。

私も、子どもに誘われれば遊びに行くようにしますが、つまらなければ次から行きません。

だれかに依存せず、自分一人で判断をする姿勢を見せるためにもそうします。教師が子どもに依存して行動しているわけではないことを示すことにもなります。

いずれにしても、子どもも教師も、休み時間は自由でいいのです。

繰り返しになりますが、子どもと遊ぶかどうかなどといった小さなことで、教師の良し悪しは決まりません。

「子どもと遊ぶ先生はいい先生だ」と思っているのであれば、その理想の教師像は変えた方がよいと思います。

今後の教師生活で自分の価値が決まるのは、休み時間の過ごし方ではなく、まずは授業です。子どもが興味をもち、楽しめるような授業をする努力をしているのかどうかが、一番大切な評価ポイントではないでしょうか。

それから、しっかりと子どもと向き合い、何かあったときに一緒に考えることができる姿勢ではないでしょうか。

このように、**一見もっともらしい「理想の教師像」から逃れ、教師としてのプライオリティを自分の頭で考える、というのは中堅教師にとって非常に大切なこと**だと思います。

――ちなみに、以前マンチェスターユナイテッドのレプリカユニフォームを着てサッカーをしていたら、子どもから「ルーニー」とあだ名をつけられました。

あだ名の理由は、プレースタイルが似ているからだと思っていたのですが、子どもから「見た目が」と言われました。

その子には、しっかりと指導しておきました。

モテようとするな！

モテようとするとロクなことはありません。

恋愛対象の人に対してだけでなく、子どもに対してでもです。

人は、どうしても人から好かれたいと思うものです。

そうすると、いつのまにか相手の思いに近づこうとしてしまいます。

まあ、それも悪いことばかりではないのですが、そうすると、やはり相手に依存してしまうのです。

別に、無理に嫌われた方がよいというわけでもなければ、理不尽な指導をしろということでもありません。

当然、子どものことを考えて指導にあたらなければならないのですが、**子どもに気に入**

られようと無理をするなということです。

これは、若いというだけで子どもが慕ってくれる若手教師時代に陥りやすい落とし穴ですが、中堅教師になってもその呪縛からなかなか逃れられない人も少なくありません。

例えば、女子がアイドルグループについて話していたとします。

そのグループの話ができれば、その子たちとの話は盛り上がり、より距離も縮まるでしょう。そうなれば、何か伝えるときも、伝えやすくなるかもしれません。

しかし、そこで子どもの気を引こうとして、家に帰ってからアイドルグループについて調べてはいけません。ぐっと我慢をして、いつも通り、吉田類の『酒場放浪記』を見ましょう。

次の日、「先生、〇〇が出ていた番組見た?」と聞かれたら、「見てないよ」と笑顔で答えましょう。

そうすると、だんだんアイドルグループについて聞かれることはなくなります。

子どもが好きなことと、教師が興味あることが違っていてもよいのです。

それも価値観の違いですから、お互い認め合えばよいのです。

そうやって自然体でいれば、子どもも期待しません。期待しないから、子どもも自然な感じでかかわってくれます。

もし、ある特定の子どもの興味を引くような努力をすると、他の全員に対してもそれをしなければならなくなります。当然それは無理ですから、だんだんと**「あの子には贔屓している」となってしまう**のです。

もちろん、たまたま自分と子どもの興味が合ったときは、その話題について盛り上がればよいのです。その子のためにがんばって情報を集めたのではなく、もともと好きなことなので、自然です。誰もそのことについて変に思いません。思われたとしても、

「だって、先生は○○が好きだからね」

と言えばおしまいです。

ところで、モテようとしないとしても、ＯＶＥＲ35教師たるもの、**身だしなみはちゃんとしたい**ものです。

以前、なでしこジャパンの代表監督をされていた佐々木則夫さんがテレビで言っていた

ことがあります。それは、佐々木監督の奥様が「どんなにいいことを言っても、鼻毛が出てたら女子は聞かないよ」とおっしゃったというような話でした。

その話を聞いて、本当にそうだなと思いました。女子に限らず、鼻毛が出ていたら、その人の言っていることに説得力はありません。

おしゃれでいる必要はないけれど、人前に出ていい格好というのはあると思います。

子どもが相手だとしても、それは人前です。

子どもでも大人でも、やはり自分の言葉を伝えたいときは、それなりの服装をしないと、相手は話を聞いてくれません。

モテる必要はありません。自然体でいればよいのです。でも、相手に伝えたいことがあるのであれば、最低限の礼儀は必要です。実は、そういうことに子どもも気づいているはずです。

――まぁ、私はよく「無礼だ」と怒られるのですが…

（おじさんでも）女子力は高めに保て！

「年を取ると、誕生日があんまりうれしくない」

と言う人、いますよね？

「ウソつくな！」

と言いたくなります。

絶対に期待してますよね？

絶対に気づいてほしいと思っていますよね？

忘れたら、「今日は何の日か覚えてる？」って迫ってきますよね？

人はそんなものです。

やっぱり、自分の誕生日って、祝ってもらいたいです。

だって、その日は自分だけの特別な日なんですもの。

ということで、子どもの誕生日は祝ってあげちゃいましょう。

ＯＶＥＲ35教師も**女子力高めがいい**のです。

でも、一人ひとりに手の込んだプレゼントをしたり、誕生日会をするのは難しいものです。そこで、無理せずできることを考えて、祝ってあげています。

私は、誕生日の子どもと二人で写真を撮ります（この写真が、そもそも子どもにとってうれしいのかどうかは考えないようにしています）。そして、その写真をＡ４の紙にプリントアウトして、その裏にコメントを書きます。毎年違いますが、すべての子どもに同じコメントを書くようにしています。それだけです。

あとは、今のクラスでは、誕生日当番をつくって、その当番が折り紙でつくったプレゼントをあげています。

そして最後に、みんなで「ハッピーバースデー」の歌を贈って終わりです。

このぐらいなら、無理なく続けられると思いませんか。

子どもの誕生日を祝う方法はいろいろとあります。何がよいかはわかりません。

ただ、1つ言えるのは、**「忘れずに祝ってあげること」**です。

学校は授業もあれば、様々な仕事もあります。意外と子どもたちは忙しい毎日を過ごしています。だから、子どもにとっても無理なくできる範囲で誕生日を祝ってあげるとよいのではないでしょうか。

もちろん、手の込んだプレゼントをつくることもできます。

でも、それを始めると、なんだかちょっと重くなってきてしまいます。**プレゼントをつくる子どもたちの負担ばかり増えてしまい、なんだか「祝うのが辛い」みたいな感じになってしまう**のです。

もちろん、手の込んだプレゼントが最後の誕生日の子どもまで続けられるならよいのですが、かなり厳しいのが現実です（教師が強制してしまえばできますが…）。

一番うれしいのは、自分の誕生日のことを、まわりの人が覚えてくれているという事実だと思います。だから、プレゼントの中身よりも、みんなでその子のことを祝ってあげる事実を大切にしたいと思っています。

要するに、無理のない範囲でよいので、子どもの誕生日は必ず祝ってあげたいということです。**プレゼントの中身ではなく、「あなたの誕生日を、みんなが祝っているんだよ」ということを伝えてあげればよい**のです。

そうしたら、きっと自分以外の人の誕生日も祝ってあげたいと思うでしょう。そういう積み重ねが、「相手の喜ぶことをしてあげたい」という気持ちにもつながっていくし、「人の喜びを自分の喜びにする」ということにもつながっていくと思うのです。

想像してみてください。
みんなから誕生日を祝ってもらって学校から帰ってきた日の家での様子を。
その姿を考えたら、私は祝ってあげたいと思います。
先輩や、いろいろな先生の話を聞くと、
「こんなすごいことやっているんだ」
と思いつつも、
「でも、自分にはそんなことできない…」
とあきらめてしまうことがないでしょうか。
誕生日のお祝いだけでなく、どんなことでも同じです。
自分のできる範囲でやればいいんです。
大事なことは、相手のことを思い、喜んでほしいと思ってやることです。
だって、逆の立場だったら、手紙1つだって、本当にうれしいでしょ?

――しかし、意外と忘れられている私の誕生日。

自分から、

「今日は先生の誕生日で～す」

なんて言ってやろうかという衝動に駆られます。

でも、今年は祝ってもらえました。

子どもの内面を知るツールをもて！

私は、毎日日記の宿題を出しています。

分量は多くないですが、子どもが考えていることを知りたいと思い、書いてもらっています。これは、勤務校の先輩がやっているのを見て、真似をさせていただいたのですが、子どもとの関係を築くうえでとてもよいと感じています。


子どもの日記を読んでいると、一人ひとりの個性がわかるようになっていきます。

「とても前向きな子だな」とか「少し否定的に物事を見ているな」とか「言葉数は少ないけれど、心の中で豊かな捉え方をしているんだな」とか、いろいろ見えてきます。

授業や学校生活だけで子どもの個性を判断しようとすると、**どうしても目に見える活動だけで判断してしまいます。**

でもそれは、子どもの一面にすぎません。

もちろん、発言をたくさんしたり、仕事に積極的に立候補するのはすばらしいですし、そうすれば力もついていくわけですから、教師としては積極的に物事に取り組むように促していくことは必要です。しかし、**それだけでは子どもの心の内はわかりません。**


ある子どもの日記に、こんなことが書かれていました。

「大人はいろいろと『あれをしなさい。これをした方がいい』と言いますが、子どもにはわかりません。大人は経験をしたから何が大切かわかるのです。でも、子どもにはわかりません。だけど、大人になってから『あれをしておけばよかった』と思っても取り返しがつきません。だから、やれることはやっておかなければならないと思います」

この日記を読んだとき、「大人の気持ちもわかっているんだなぁ」と感心してしまいました。大人は、「子どもはわかっていない」と思って接してしまいがちです。私もそうでした。確かに子どもは目の前のことが何の役立つのかを疑問に思うことが多いと思います。しかし、こうして大人がどんな気持ちで言っているのかを考えているのです。

こういう日記に出合うと、自分がおごっていたことに気づかされます。「教師が上で、子どもが下」と、いつの間にか思ってしまっていることに気づかされます。

このように、**子どもの日記を読んでいると、子どもと教師が対等の人間であることにも気づかされます。**子どもは子ども、教師は教師の立場がありますが、それぞれの立場で考え、悩み、相手のことを想っているのです。それに気づかされるだけでも、毎日の日記を読むことに意味はあると思っています。

毎日の日記は、子どもにも教師にも負担であることは間違いありませんが、私は毎日コメントを書いて返しています。ほんの2行程度のコメントですが。それでも、いろいろ考えながら日記を書いてくれる子どもたちへの、せめてもの礼儀だと思っています。

毎日が大変であれば、週に1回でもいいかもしれません。日記に書かれていることを頭に入れておくだけで、「この子は、こんなことを考えているんだな」と思いながら接することができます。それだけで、ちょっとだけお互いに安心感をもってかかわれるのです。**時には子どもの悩みや不安も書かれているので、早めに対応することもできます。**

ところで、毎日日記の宿題を出すと、子どもから「書くことがない」と言われます。

私は、「それはわかる」と答えたうえで、

「でも、日記を書かないといけないと思うと、毎日の生活を考えながら送れるよ。『あっ、これ日記に書けそうだな！』と思えるだけで、自分の生活の中から、価値あることを考えられるようになるよ」

と伝えています。

大人になる過程で、自分の生活に目を向けて、その中から価値あることを発見する習慣になると思うからです。


――毎日なので、本当に書くことがなくて、何のことだかよくわからない日記もあります。「日記に書くことがないときはどうすればいいのか」という内容の日記もあります。しまいには、字を縦長に書いて、なんとか字数を少なくしようとする輩まで出てきます。一応「字が長すぎますよ♡」と書いて返しますが、そういうものも受け入れて、楽しむのが一番です。書くことがなくて追い詰められた子どもが、漢字練習を書いてきたときは笑いました。

子どもにさせるなら、自分もやれ！

毎日子どもに日記を書かせている手前、私も何か書かないといけないなと思い、学級通信を毎日出すようにしています。

現時点では。

いつまで続くか自信がないので、そう書きました。ちなみに、毎日学級通信を出し始めて6年目です。来年度も書けるかは、来年度にならないとわかりません。

…と、保身のための文章はここまでにして、毎日学級通信を出すことは、**「子どもにさせることは、なるべく自分もやる」**という姿勢を示すために始めました。

私の学級通信は、基本的には子ども向けに書いています。

日々の学校での出来事に価値づけをして、「こういうところがよかった」「ここはもっと改善した方がいい」というようなことを書いています。そうすることで、私なりの価値観を伝えているということになります。当然、保護者の方にもお読みいただくようにお願いしています。自分がどのような想いをもって子どもに接しているのかを保護者にもお伝えするためには、学級通信はとてもよい場です。

毎日書いていると、子どもの日記と同じで、「今日は書くことがない」という日が出てきます。

実はそういう日こそチャンスです。

何のチャンスかというと、**自分の趣味趣向を伝えるチャンス**なのです。

私はビートルズが好きなので、たまにビートルズについて書くことがあります。好きな曲やアルバム、そしてバンドとしての変容について書きます。まったく学級について書きません。その学級通信を読んで、ごく一部の子どもが食いつきます。親に感化されてビートルズを聞いたことがある子どもです。さらに、これまたごく一部の保護者が盛り上がります。するとと、次の日に子どもから、

「お父さんもビートルズ好きで、よく聞いているよ。お父さんは『In My Life』が好き

だって言っていたよ」

というような会話が生まれます。

こういう**子どもを介した保護者との交流も楽しいもの**です。

書くことがない日は、自分の好きな音楽やスポーツ、芸術や自分の趣味、はたまた家の近所の気になるお店について書けばよいのです。そのことを通じて、子どもと保護者に自分を知ってもらえるよい機会になるのです。

このように、学級通信は、学級の様子だけでなく、教師の価値観を伝える場でもあると思っています。むしろ、自分の趣味趣向を書いた方が、子どもの様子について価値づけたコメントを載せるよりも、かなりストレートに教師の価値観が伝わります。

――以前、6年生を担任していたとき、学級通信の右上に、卒業式までの日数をカウントダウン形式で書いていました。

残り日数だけ書いていても飽きてしまったので、ある日「44」と書いた下に「ランデイ・バース」と書いておきました。

次の日も、また次の日も、残り日数の数字と同じ背番号の往年のプロ野球選手の名前を書いていきました。

子どもは無反応でしたが、ある日、一人の保護者から「私も考えました」と連絡帳が来て、ずらっと残りの日数に関係する背番号と選手名が書かれていました。どう見ても広島の選手で偏りがあったので、「すべては叶えられませんが、検討します。ちなみに、3は長嶋茂雄で確定なので、衣笠は無理です」と返却しました。

すると、次の日に「3はあきらめましたので、8の山本浩二だけはよろしくお願いします」と返ってきました。原辰徳と悩みましたが、山本浩二を載せました。

学級通信を通して、こんな保護者とのやりとりも楽しいものです。「学級通信はこうあるべき」と捉えずに、少し遊んでみてはどうでしょうか。

令和元年度　担任からの日々のメッセージ

時尽昇助

令和元年　7月2日（火）　第56号　　6年2組担任　加固　希支男

古墳を見てもらいました。

昨日の保護者会の後、保護者の皆様にも古墳を見ていただきました。皆様「すごい」と声をあげていました。そう言われると嬉しいものですね。みんなの苦労が報われましたね。

作っている間は、なかなか完成しなくて大変だったと思いますが、やはり大変なものほど、完成すると達成感がありますよね。そして、他人が見てもすごいと感じるものですね。

とりあえず、みんなにとって思い出になるものになってよかったです。できて思うことは、いつまでこのままにしていいのかということです。私の中では「誰かに怒られるまでこのままにする」という計画です。みんなが卒業するまでは大丈夫でしょう！？

タピってみた。

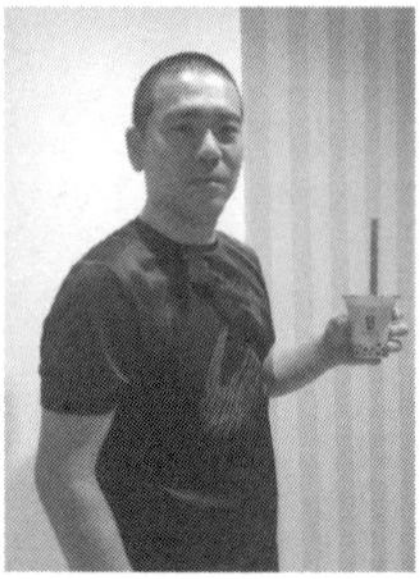

先週末、買い物をしたくて吉祥寺に行きました。買い物をするために町を歩いていると、人がたくさん並んでいるお店がありました。「何の店なんだろう？」とのぞいてみると、今流行のタピオカのお店でした。

「誰がこんな並んでタピオカなんか飲む（食べる？）んだろう」と思ったら、奥さんが、「こういう時しか飲まないんだから、並ぼう」と言い出しました。強行に反対しましたが、力関係で並ぶことになりました。

注文する番になったのですが、全く意味がわかりませんでした。というか、味から甘さから量から、選択するものが多すぎてパニックです。ラーメン二郎かと思いました。

我々がとまどっていると、後ろに小学生らしき子供がいて、スラスラと呪文のような注文をしていました。それを見て、「もう、俺の時代は終わった」と感じましたね。

みなさんもタピることがあったら、気を付けてください。注文が謎すぎます。味は美味しかったですが、昭和にはなかった味ですね。

第2章

生活指導OVER35

大事なことの「後出し」をするな！

「子どもの自主性を重んじたい」

と思うのはよいことです。

しかし、**結局は教師の価値観で進めることであれば、最初からしっかりと子どもに伝えておく方がフェア**だと思います。

例えば、「時間を守ろう」ということ。

私は時間について、子どもたちにすごくうるさく言います。

なぜなら時間は、自分だけでなく、まわりの人とも共有しているものだからです。

自分一人でやることならば何も言いません。

しかし、学級や学年でやっていることは、一人が遅れると始められなくなるわけです。

授業がいい例です。

授業というのは、みんなで考えるものです。だれか一人でも欠ければ、考える力が減ってしまいます。ですから、始業に遅れないように指導します。

もちろん、理由がある場合は聞きます。しかし、よほどのことがない限り「それは仕方ないね」とは言いません。「委員会の仕事で遅れました」と言うなら、「次からは時間内に終わるように考えて仕事をしなさい」と伝えます。

時間に限らず、どんなことについても、「こうすべきだ」という確固たるものがあるなら、なるべく早く伝えるべきです。

新学年が始まり、数日間は様子を見ていた方がよいですが、「これは直さないといけないな」と思うことについては、早めに「こうするんだよ」と伝えないと、いつまでも子どもは気づくことができません。

「すべて子どもの自主性に任せる」と宣言したのに、教師が我慢できなくなって指導するというのでは、辻褄が合いません。「今まで許してくれたのに、なんで突然ダメになるんだよ！」と反感を買うだけです。

子どもにとって、**「言わない」「指導しない」＝「許している」**ということになります。

ここで、ＯＶＥＲ35教師が気をつけたいのが、**伝える際に必ず理由を言う**ということです。ある程度の教師経験を積んでくると、上意下達的に伝えてしまいがちだからです。また理由も、主観的ではなく、客観的で、子どもが聞いて納得するようなものでないといけません。そうでないと、子どもは表面的に言うことを聞いても、心の中で納得しておらず、逆効果です。ただの強制になってしまうということです。

例えば、時間を守ることだったら、

「みんなで何かをするときは、全員そろわないと二度手間になってしまうことが多いものです。だから、一人が遅れてしまうと、みんなの時間も無駄にしてしまいます。みんなで何かをするときは、時間をしっかりと守りなさい」

というような感じです。

理由を話せば、守らなければいけない場面もわかります。「みんなで何かをするとき」以外は、そんなに気をつけなくてよいということです。

ただし、もう一方で思っていなければならないことがあります。

それは、**「人は、いつでも正しいことができるわけではない」**ということです。

4月に「こうすべきだよ」と伝えると、5月ぐらいまでは子どもも一生懸命やります。できなかったとしても、やろうと努力する子どもが多いでしょう。

しかし、少し慣れてくると、手を抜いたり、なんとかして楽をしようとしたりする子も出てきます。

でも、それが自然な姿なのです。

そういう姿が見られたら、また声をかけたり、注意したりすればよいだけです。

手を抜いたり仕事をサボったりする子は、どの学級にも必ずいます。私がそうでした。

問題は、「何が正しいことか」を知ったうえで手を抜いているのかどうかです。正しいことを知っていれば、いつか自分で直すこともできるし、注意の内容も理解することができます。

知らなければ、教師の言葉は、右から左に抜けていって終わり。

教師がイライラするだけです。

「掃除はつまらないものだ」と心得よ！

4月に「ちゃんとやってほしいこと」の1つとして伝えるべきことに、掃除があります。

汚れている教室では、ごみは目立ちませんが、きれいな教室だと、ごみは目立ちます。

要するに、きれいにしておくことが、身の回りをきれいにし続けることにつながっていくのです。

身の回りがきれいであれば、それを維持しようと思うので、いい加減な行動が少なくなっていきます。


ただ、掃除には永遠の悩みがあります。

それは**「つまらない」**ということです。

よく、「掃除をすると心もきれいになる」というようなことが言われたりもしますが、

それは完全に大人の理屈です。**「できることならやりたくない」というのが多くの子どもの本音**です。

つまらないから、楽しく掃除をさせようという試みもあります。確かに、効果的かもしれません。また、中には「楽しい」と思う子どももいるでしょう。しかし、掃除を楽しませようとすること自体、「掃除はつまらない」ということの裏返しだと思うのです。

ＯＶＥＲ35教師なら、タテマエ抜きに、今も昔も、子どもも大人も、多くの人にとって、掃除はつまらないもので、できればやりたくないものだということをまずはわかっておかないといけません。そして、それでも子どもに指導しなくてはいけないというところに、教師としての腕の見せ所があります。

学級の様子を見ていると、とにかく掃除をやりたくない一心で、サボろうとする子がいます。

心の中では、

「わかるなぁ…」

と思いながら、そのままではいけないので、

「ちゃんと掃除をしなさい」

と注意します。

しかし、ちょっと目を離すと、またサボります。

基本的に、このイタチごっこはなくならないと思っておいた方がよいでしょう。

しかし、ここでちょっと視点を変えて考えてみたいことがあります。

それは、**「どうせやりたくないのであれば、早く終わらせてしまえばいい」**ということです。

だから、子どもには、

「そんなにイヤなら、早く終わらせればいいんじゃない？」

と声をかけます。

これが意外と大事な声かけだと思っています。

子どもの気持ちを汲んだうえで、その気持ちを叶える方法だからです。

まさに、正論です。


ただし、重要なポイントが1つあります。

それは、**「何をもって終わりとするか」**です。

私は、早く掃除が終わったら、それでいいと思っています。

しかし、完璧にすることを求めます。

少なくとも、床にゴミが落ちている状態は完璧ではありません。

ゴミ箱にゴミが残っているのも違います。

机がずれていたり、ほうきやちりとりがしまわれていなかったり、ということもよくありません。

だから、4月のうちに、掃除の仕方をしっかりと教えます。

完璧であり、かつ、早く済む掃除の方法です。

教師によって多少異なるので、一概には言えませんが、この**「完璧かつ早く掃除をする」という概念を早いうちに子どもに与えることが大切**です。


とはいえ、それでも掃除をちゃんとしない子どもは後を絶ちません。

それが当たり前です。

そうでなければ、そもそも「掃除指導」なんて言葉は生まれなかったはずです。

では、さぼっている子どもをそのままにしておいてもよいかというと、それは違います。

なぜなら、ちゃんとやっている子どもが損をするからです。

そういう学級は一番いけません。

ですから、大変でも、各グループの持ち場を見回り、掃除をしていない子どもがいれば声をかけ、掃除の仕方が非効率な場合は効率的な掃除の仕方を指導する、ということを地道に続けていくしかありません。

「こうすれば必ずちゃんとやる」なんて方法はないのです。

いずれにしても、学習と同じで、「言わなくてもできる」と思わず、細かく指導するという構えは大切です。

あとは学校の掃除のルールに合わせながら対応していきましょう。

特効薬を見つけるのではなく、そうして地道な指導を続けていくことで、少しずつ、「ちゃんとやらないといけないなぁ」という思いを子どもに芽生えさせていきましょう。

「○時○分までは掃除だよ」と言っていても、時間が過ぎるのを待っているだけの子どもを増やしてしまいますからね。

給食を完食するべき理由を問え！

学級担任にとって、掃除指導と並んで大きい仕事が、給食指導です。若手時代に給食指導で苦労したという先生は、意外に多いのではないでしょうか。

そんな先生は、新しい学級の担任になったら、

「給食は完食しないといけないのか」

まず、この問いの答えを子どもと探ってみてください。

「給食は時間内に食べ終わらないといけないのか」

この問いについても、子どもと答えを探りましょう。

これらの問いに対する答えを子どもがもっていなければ、どんなに「食べましょう」と声をかけても、暖簾に腕押し、糠に釘、プリンに柳田のフルスイングです。

給食は完食しないといけないかどうか、最初に子どもに問います。

すると、多くの子は「全部食べた方がいい」と言います。

そこで、**「どうして?」と問いかけます。**教師からそんなことを聞かれるなんて思ってもいなかった子どもたちは戸惑います。でも、そこではじめて「本当に給食を全部食べた方がいいのかな」と考え始めるのです。

考えていくと、「残すと、つくってくれた人に悪い」「お肉や魚、野菜は命だから、それを残すのはよくない」といった意見が出てきます。どんなものであれ、自分以外の人の努力や動植物の命に目を向けていくと、「出されたものをちゃんと食べる」ということの意義がわかっていきます。


次に、時間内に食べ終わらなければいけない理由について考えます。

学校によって給食後の時程は違うと思いますが、私の勤務校は休み時間になっています。

しかし、食堂で給食を食べるため、食後に給食当番が掃除をします。

だから、食べ終わっていない人がいると、掃除が大変になり、掃除の時間が長引きます。

すると、給食当番の休み時間が短くなります。

また、昼休みに委員会の仕事も多く、給食が食べ終わらないと、委員会の仕事に支障が出ます。そうなると、他の委員会のメンバーに迷惑がかかってしまいます。

結局は、食べ終わるのが遅くなると、他の人に迷惑がかかってしまうので、時間内に食べ終える必要があるのです。

そんなことを、4月のはじめに子どもに伝えます。

食べる量と速さは習慣なので、慣れてしまえば食べられます。逆にいうと、**悪い習慣をつけると、後で直すのはなかなか難しくなります。**

学年が変わり、担任が変わるときは、習慣を変えるよいタイミングです。まだ新しいことを受け入れる気持ちのうちに、新しい習慣をつけてしまいましょう。2週間も続ければ、すぐ習慣になります。

習慣にするためには、声かけも大事です。

「○時○○分までに食べるんだよ」
「お話するよりも、食べる方を優先しましょう」
「一口に食べる量を少し増やしてみましょう」
「食べるのが速くなったねぇ」

などと声をかけていきます。

給食に限らずですが、4月というのは、新しい環境に慣れようとする時期なので、子どももいろいろなものを受け入れる態勢にあります。

ですから、4月のはじめのうちに、伝えるべきことは伝えておくのです。

そうすると、魔法にかかったように、今までできなかったことができるようになる子どももいます。

給食のことに話を戻しますが、それでも食べられるようにならない子どももいます。

でも、それは仕方がないことです。

ただ、「それでいい」とは言えません。

なぜなら、完食する理由、時間内に食べ終わる理由を最初に考え、そうすべきだと子どもと教師で共有しているわけですから。

まずは、食べる量を減らし、時間内に食べ終わることを優先します。

時間内に食べ終わることができるようになってきたら、少しずつ量を増やします。

そうやって、徐々に習慣化していくのです。

それでも、食べられるようになったり、食べられなくなったりの波はあるので、その都度個別対応していくしかありません。

実は、かく言う私も、小学生のころ、給食が食べきれず残されてしまうことがありました（トマトが無理で…）。だから、給食を残してしまう子どもの気持ちはわかっているつもりです。


掃除と同じで、給食も、4月に「ちゃんとやってほしいこと」の1つとして伝えるべきことです。

そして、伝えるとき、必ず理由を考えさせる。

理由がなければ、子どもは納得しません。

そして、習慣化するまでは、辛抱強く声かけをしていく。ひと言では子どもに教師の本気度は伝わりません。何度も声をかけ続けることで、

「これは先生が本当にやるべきだと思っていることなんだ」

と、やっと子どもに伝わるのだと思います。

「できるようにする」ことにこだわれ！

最近は、学校教育全般に渡って、「無理をさせない」という考え方が浸透しています。

一人ひとりの個性を重んじ、その子ができることをほめ、可能性を拡げていくことが重視されています。

確かに、そういった考え方は、自己肯定感を高め、子どもがのびのびと成長するためには必要だと思います。

私も賛成です。

しかし、ある程度経験を積んだ教師なら、ここで少し考えてみたいことがあります。

それは、**大人が考える「無理をさせない」に、子どもはどれぐらい納得しているのか**ということです。

どんなにほめられても、
「そんなに大したことはしてないでしょ」
「これぐらいだれでもできるでしょ」
と思っていることが少なくないのではないか、ということです。

私は、どんな場合も、まずは「できるようにする」ということを教師は忘れてはいけないと思います。やはり、**できるようになると、自信がつくから**です。

漢字でも計算でも、できるようになれば、自然と学習に目を向けるようになります。しかし、できるようになるためには、努力が不可欠です。ですから、努力することを子どもに求めることは必要だと思います。

ただし、子どもに努力を求めるのであれば、教師もできる範囲でよいので、一緒に努力することを心がけたいものです。

「できる」というと学習面に目が向きがちですが、**生活に関することも「できるようにする」という視点で考えることは大切**です。

例えば、給食を例にすると、「時間内に食べ終わる」ということをできるようにするだけで、子どもは自信をもちます。

私が担任している学級の子どもたちが、家庭科で給食のことについて学習している際、「うちのクラスの自慢は、給食を残さないことです」と言ったそうです。もちろん、日によっては残すこともありますし、個人差があって、食べる量が異なるのも当然です。でも、給食をちゃんと食べることが自信につながっているのだなとわかりました。

「自分の食べられるだけでいいよ」「今日は、ちょっと多めに食缶に入っているから、残していいよ」と言っているだけでは、いつまでも食べられるようにはなりません。

まずは、「食べられるだけ食べてみよう」と声をかけ、みんな同じ量を配膳し、食べさせてみればよいのです。実は、ほとんどの子どもは食べられます。「おぉ、みんな全部食べられるねぇ。すごい」なんて声をかけていけば、どんどん食べられるようになります。

ここまでやって、はじめて一人ひとりの個性に合った対応をすればよいのです。

最初から「無理しなくていいよ」と言ってしまえば、子どもは自分の可能性のかなり低い部分で止めてしまいます。そうではなく、**「ちょっと大変そうかな」というところまで引き上げてから考えればよい**のです。

自分ができると思っていることを越えても自信はつきません。

ほんのちょっと大変そうなことを乗り越えると自信がつくのです。

委員会の仕事なども同様です。子どもが「これぐらいでいいかな」と出してきたものに対して、「がんばってるからそれでいいよ」で終わるのではなく、「君の考えていることもいいけれど、もっとできると思うよ」と背中を押すことを忘れたくないものです。

楽しく、受容的な雰囲気をもちながらも、ちゃんと子どもに負荷もかけていく。

実は、一番怖いのがこのタイプの先生。

35歳を超えたら目指したい教師像の1つです。

子どもが「これは逃げられないな」と思うところまでやれ！

提出物がなかなかそろわない。

若手教師時代からずっと、この問題に悩まされ続けている先生は多いのではないでしょうか。

私もかつてはその一人でした。今でもきれいにはそろいませんが、締切日に忘れた子どもも期限の次の日にはそろうようになりました。

かつては、提出物を出さない子どもは「だらしない」と思っていました。

実際そういう面も多分にあるとは思うのですが、そもそも**そういう子どもは「提出物をちゃんと出す」という習慣がないので、提出物に対する意識が低い**ということに気がつきました。なぜなら、提出物を出さない子は、日々の宿題も忘れることが多いからです。

大事な提出物をなかなか出さない子どもに対して、そのときだけ指導しても意味がないと思った私は、毎日の宿題提出について、しっかりと指導することにしました。

毎日、だれが宿題を出しているか名簿を使ってチェックするようにしたのです。そして、**出していない子どもは一人ひとり呼んで、「必ず、明日2日分出すように」と伝えていきました。**

「なんだ、そんなことか」

と思われる方もいらっしゃるかもしれませんが、実際にやってみると効果覿面です。

最初のうちはなかなか直りません。なぜなら、忘れることに対して、あまり悪いことだと思っていないからです。

しかし、宿題を忘れるたびに、私から「宿題を出しなさい」と声をかけられたら、子どももたまりません。宿題を忘れていることは事実なので、言い訳もできません。

こうして、1学期の終わりごろには、ほぼ全員が宿題を毎日出せるようになりました。

要するに、**提出物を出すというのは習慣であり、あるときだけやろうとしてもできない**のです。

提出物に限らず、行動は習慣によって決まります。

だから、**もし生活面で何か改善を促したいと思うことがあれば、行動が習慣化するような指導を心がけるとよい**と思います。

また、**習慣化するには、教師の忍耐と地道な働きかけが欠かせません。**

もし「〇〇しなさい」と言うだけで習慣にできるのであれば、そもそも問題になるほどの状態にはなっていません。だから、辛抱強く行動習慣を変えていくのです。

習慣になるということは、「それをしないとよくない」とか「そうしないと気持ち悪い」と本人が思えるようになるということです。ですから、1回や2回で指導を終わらせてはいけません。マムシのように毎日やるのです。**子どもが「これは逃げられないな」と思うところまでやる**のです。

習慣化してしまえば、教師が言わなくてもやるようになります。宿題にいたっては、

「すみません。宿題を忘れてしまったので、明日持って来ます」

と言いに来る子どもが出てきます。自覚できていればそれ以上指導する必要もありません。

ただし、1つ気をつけたいことがあります。**何を習慣化させるのか**ということです。

すべての行動を習慣化したら子どもは考えなくなり、先生の望み通り動くロボットにな

ってしまいます。それは最悪です。問題は起きないかもしれませんが、考えなくなります。一番やってはいけない状態です。

ですから、**「これはちゃんとやらせたい」と思うことを、選んで指導することが大切**です。そのためには、「なぜ、それをやらないといけないのか」ということを子どもに説明できるようにしておくことです。提出物であれば、「全員がそろわないと、その後に仕事をする人が困ります」「宿題を出すのは、締切を守るということです。人は協同生活をしていますから、時間を守って仕事をすることで信頼されます。宿題を出すことで、締切を守って仕事をするという力をつけましょう」というようなことです。

――習慣というのは恐ろしいもので、一度身につくと、なかなか抜けなくなります。私は子どものころから西武ライオンズを応援することが習慣化されています。毎年、主力選手がＦＡによっていなくなり、恐ろしいような戦力ダウンを繰り返します。時に、投手陣が「この人はだれだろう」という人しかいなくなったとしても、応援をしてしまうのです。習慣というは、自分では押さえられないのです。

ものがなくなるのは担任を含む学級全員の責任と心得よ！

学校は、よくものがなくなる場所です。えんぴつや消しゴムだけでなく、ノートや教科書、時には靴や筆箱がなくなることもあります。だいたいのものは、どこかに置きっぱなしか、床に落ちているか、ロッカーの隅の方にあります。しかし、なかなか見つからず、困ってしまうことがあります。

もしものがなかったときは、自分でみんなに声かけをするように言います。**何か困ったことがあったら、自分でまわりの人に助けを求めるという力をつけるため**です。

困っているのに自分の中で抱え込んでいると、何も解決しません。そして、困っているのに自分一人で抱え込んでいると、「あの子は何かあっても黙っているのだ」と思われ、最悪の場合、いじめの対象にもされてしまいます。

何かものがなくなったら、みんなで探します。**全員を巻き込む**のです。そうすれば、

「自分も何かあったとき、みんなが助けてくれる」と他の子どもも安心できるはずです。ものがなくなったとき、いたずらやいじめの可能性もありますが、「もしものを隠したら、全員を巻き込んで大騒ぎになる」と思えば、少しは思いとどまるきっかけになります。それでもしてしまう子どもはいるでしょう。当然隠した子どもが悪いのですが、全員に次のような話をします。

「まず、ものの管理をちゃんとしましょう。ものがなくなると、『だれかが隠したんじゃないか』と疑う気持ちがみんなに芽生えてしまいます。そうなると、みんなが嫌な気持ちになります。だから、管理はちゃんとしてください。

そして、もし自分がものを隠してしまったという人がいたら、正直に言いましょう。人は間違いをしてしまう生き物です。そして、これからもしものを隠して人を困らせようとする人を見つけたら、ちゃんと止めてあげましょう。ものを隠そうとした人は、そのときはわからなくなっています。まわりの人が気づいてあげないと、その人は後で後悔します。その人も辛くなるし、まわりの人も辛くなってしまいます。だから、まわりの人が何をしているのか、気にしながら生活してください」

このように、いじめやいたずらにつながる危険性があるので、ものがなくなるという現象を私は深刻なことだと捉えています。

ただし、しつこく犯人を探したりするのもNGです。

ものが頻繁になくなるというのは、学級の雰囲気が総じてよい状況ではないということです。教師も気持ちを引き締める必要があります。**決して子どもだけの責任ではなく、教師がつくっている雰囲気もよくないと考え、自分の言動や行動を反省します。**起きてしまったことから、子どもも教師も学び、次に生かさなければなりません。

そして、犯人探しよりも、「ものがなくなると、みんなはどんな気持ちになるのか」「これからどうしていくべきか」といったことを学級全員で共有し、ものがなくなることが、当事者だけでなく、多くの人の心を傷つけることに改めて気づかせていくことが大事です。

最後に、忘れてはいけないのが、保護者への連絡です。

ものがなくなると、「うちの子どもはいじめられているのではないか」と保護者が心配されるのは当然です。

その気持ちを和らげるだけでなく、ＯＶＥＲ35教師なら、**学級で話したことも含めて保**

護者にお伝えする細やかさをもちましょう。もちろん、それで安心してもらえるとは限りませんが、ものがなくなってしまったことに対して重大なことだと捉えていることや、ものをなくしてしまった子どもと保護者の気持ちを考えていることは伝わると思います。

単なるパフォーマンスとしてではなく、学級をまとめる責任者として、逃げずにちゃんと話をすることが大事です。

子どもがいない教室に子どもの姿を見いだせ！

専科の時間や子どもが下校した後、教室を見回してみてください。
どんな風景が見えるでしょうか。
私は、子どもがいなくなった後の教室の様子をよく見るようにしています。
そうすると、子どもの個性が幽霊のように見えてきます。
ＯＶＥＲ35教師たるもの、見えないものも見えるようにならないといけないのです。
真面目な話、**子どもがいないときの机には、その子の個性があふれています。**
物事を丁寧に進める子どもは、いないときの机もきれいです。
一方、物事に大胆に取り組む子どもは、いないときの机もかなり大胆です。
一人ひとりの机の様子だけでなく、教室全体の様子も見ると、いろいろと思うことがあります。

床にゴミが落ちていたり、電気がつけっぱなしだったり、扇風機がつけっぱなしだったり、ロッカーの扉が開けっ放しだったり…。

子どもが教室にいるときは、教室全体が「動」の状態なので、こういったことは気になりません。しかし、子どもがいない「静」の状態では、すべてのことが「静」の状態になっていないとおかしく感じるわけです。**子どもがいないのに、教室に「動」の状態があるのはおかしい**ということです。

教室が「動」の状態であれば、机の上が「動」の状態なのはよいことだと思います。授業中にハサミを使ったり、のりを使ったりして、机の上が乱雑になるのは、それだけよく考えている証拠です。

一方、「立つ鳥跡を濁さず」という言葉の通り、一歩教室から離れるときは、「静」の状態に戻すことが必要です。

ですから、

「教室を移動するときは、身の回りをきれいにして、椅子をちゃんとしまってから移動しましょう」

と伝えます。そうやって、教室全体をきれいにして、みんなが落ち着いて生活できる雰囲気をつくっていくのです。

よく、「窓ガラスが1枚割れていると、次々と窓ガラスが割られ、学校が荒廃していく」という話を聞きます。これは、すごくよくわかります。汚れているところを汚すよりも、きれいなところを汚すのには抵抗があります。だから、いつも教室をきれいにしておくことが、みんなが落ち着いて生活することにつながっていくのです。

子どもがいなくなった後の教室というのは、子どもが自分がいなくなった後のことを、どこまで考えているのかを具現化した姿とも言えます。もっと言えば、自分に関係している人たちのことを、どこまで考えているのかを表しているとも言えます。

これは、**相手意識そのもの**です。

子どもがいなくなった後の教室の様子が乱れているのであれば、担任している学級の子どもが、自分のことしか考えられていないということになります。だから、子どもがいないときの教室を見て、もし乱雑な状態であれば、それは指導すべきことだと思います。

子どもがいない教室をじっと見つめてみましょう。

昼間の子どもの様子からは見えてこない、冷静になったからこそ見えてくるものがあります。

きっと、予想以上のことが頭に浮かぶはずです。

自身の言行不一致に敏感になれ！

子どもに指導したことを、教師がやっていないことがあります。

自分でも反省します。

子どもに「こうしましょう」と言ったことは、やはり教師も守らないといけないと思います。

教師経験が長くなるほど、自分に甘くなりがちですが、デキるＯＶＥＲ35教師は、自分に厳しいのです。

教室移動をするとき、子どもにどのように指導されているでしょうか。私は、

「授業中に教室移動するときは、他のクラスの迷惑にならないように、しゃべらないように移動しましょう」

と伝えます。

とはいえ、ついつい隣の友だちとおしゃべりをしてしまう子どもがいます。だから、その都度「他のクラスに迷惑になるから静かに」と指導します。

私が一緒に教室移動するとき、近くにいる子どもが私に話しかけてくることもあります。そんなとき、私はまったく反応しません。体調不良や緊急事態であれば別ですが、1秒を急ぐようなことでない限り、反応しません。移動先の教室に着いたときに、「何？」と聞き返します。

これは、子どもには「静かにしなさい」と注意しているのに、教師はしゃべっていいというのはおかしいからです。

自分が伝えていることについて、自分も責任をもつことを意識するのは大切です。

意外と、「子どもには言うけれど、自分はやらない」ということが、教師には多いものです（かく言う自分も、できていないことはあると思います）。

「私たちには言うくせに、自分はやっていないよね」

というのは、教師が子どもの信用を失う大きな原因になります。

もし、**子どもに言ったことについて、自分が守れていないことだったら、素直に謝るのが一番**です。子どもから指摘されなかったとしても、自分で気がついたら、謝るべきだと思います。

教師だって、できないことはあります。それに気がついたら、「子どもに謝るなんて格好悪い」なんて思わずに、すぐに謝ればよいのです。

自分の非を素直に認めることも、子どもとの関係を築くうえでは大切なことです。

もちろん、謝ることは大切ですが、いつも謝っていては、

「この先生は、人には言うけど、自分はできない人なんだ」

と信用を失ってしまいます。

だから、子どもに指導したことについては、自分に厳しく徹底することを心がけたいものです。

「廊下は走らない」
「時間を守る」
「だれにでもあいさつをする」

「ゴミが落ちていたら拾う」

「人が話しているときはおしゃべりせずに聞く」

こうしてざっとあげてみるだけでも、すべて徹底できていると言いきれる先生はなかなかいないと思います。だからこそ、いつも徹底しようという意識が必要なのだと思います。


――「今日は食べ過ぎたから、明日は食べない」

今日の自分に誓ったことを、明日の自分は徹底できない。

やっぱり、徹底するって難しい…。

個別対応に埋没するな！

教師も人間なので、何か問題が起きると、マイナスな気持ちになり、表情も暗くなるものです。

しかし、教師の存在というのは、学級においてとても大きいものなので、教師の雰囲気が悪くなると、学級の雰囲気も悪くなります。

このことは、職員室の雰囲気を想像すれば、実感をもってわかると思います。管理職の先生の機嫌が悪いと、それだけで職員は気をつかいます。相談もしに行けません。職員同士の話もしづらくなり、しまいには、みんな自分の教室で仕事をし始めます。

それと同様なことが教室でも起きるということです。

教師の機嫌が悪ければ、子どもたちは気をつかい、なるべく自分の意見を言わないようになるのです。

もちろん、言うべきことは言わないといけませんし、学級全体にかかわる問題があれば、それもちゃんと伝えなければなりません。

しかし、一部の子どもがかかわっているだけの問題に対処しているときに、そのマイナスな雰囲気を学級全体に広める必要はありません。

なかなか心の整理がつかなかったとしても、全体の前で話すときは、がんばって気持ちを切り替えましょう。

この構えは、個別の子ども対応にもかかわってきます。

例えば、子ども同士でケンカが起き、心が傷ついてしまった子どもがいるとします。その子どもの言い分が正しいとなると、その子をなぐさめることばかりに気持ちが向かってしまいがちです。

しかし、気持ちが落ちてしまっている子どものそばにいて、一緒に教師もマイナスの雰囲気に浸っていても、どんどん雰囲気は悪くなっていくだけです。

かといって、その子に直接明るく振る舞うような雰囲気でもないのであれば、**学級全体に向けて楽しい話やくだらない話をすればよい**のです。実のない、他愛もない話でよいのです。とにかくみんなが笑えるようなくだらない話がおすすめです。

学級全体が笑顔になれば、自然とその子どもの心も穏やかになっていきます。

ある種の群集心理です。

学級というのは、一人ひとりの子どもの気持ちがつながっているので、**直接働きかけるだけでなく、学級全体に働きかけることも大切**なのです。


昨今は特に、子ども一人ひとりの成長を重視しがちなので、個を見ることに集中しすぎるあまり、学級全体の雰囲気に対する意識が下がってしまうことがあります。

しかし、子どもは常に学級の中にいます。ですから、個々の子どもの状態も、学級全体の雰囲気に左右されるのです。

個別の対応がうまくいかないのに、いつまでも子どもと一緒にマイナスな方向に向かっていても改善はされません。

もっというと、それは教師の、

「私はあなたを大切にしているでしょ」

というアピールや、

第2章

生活指導
OVER35

「自分はちゃんと対応している」
という自己満足かもしれません。
ＯＶＥＲ35教師たるもの、個別の対応と学級全
体への目配り、どちらも賢くこなしましょう。

――そんなこんなで、私は結構くだらない話を
子どもにしますが、よくスベります。
そのときの学級の雰囲気たるや、筆舌に尽くし
がたいものがあります。

「できなかったらペナルティ」は卒業せよ！

私の学級で使っているサッカーボールが、休み時間が終わってもグラウンドに置いてあることがあります。

グラウンドに置いてある、というか、そのままになっているだけです。

子どもがグラウンドでサッカーをするためにサッカーボールを持っていくのですが、他のクラスの子どもが持って来たボールで遊ぶことになると、自分たちの学級のボールを放置してしまうのです。

サッカーに夢中になった子どもたちは、休み時間ギリギリまで遊び続けます。

私が授業開始時刻についてうるさく言うので、とにかく授業に間に合うように急いで帰ってきます。

こうして、みんなが授業をしているころ、サッカーボール君は、寂しくグラウンドに取り残されている、というわけです。

取り残されたサッカーボールは、体育の授業等で他の学級の子どもによって保護され、その学級の担任を経由して、職員室の私の机に置かれます。

当然、そのボールの存在に気づいた私は、学級にてサッカーボールを使って遊んでいる子どもたちを呼び、説教をします。

「誰かがやってくれると思うのではなく、自分がやろうと思わないといけない。どうすれば、次からボールをちゃんと持って帰って来られるのかを考えなさい」

というようなことを伝えます。

しかし、

「当分サッカーボールを使うことは禁止です」というようなことは言いません。

サッカーボールを置きっぱなしにするのはよいことではありません。

自分たちで使ったものは、ちゃんと片づけるべきです。みんなで使うものですから、大事に使うべきです。

しかし、それができなかったから使ってはいけない、というのは、ちょっと違うと思っています。

このケースに限らず、子どもが何か間違いを犯したとき、**ペナルティを与えることが、その間違いが再び起こることを抑止するのに、どれだけ効果的なのかを考えるべき**だと思います。

使用することを禁止するというペナルティを課せば、当然その期間には再発しないわけですが、その先もそうだと言えるでしょうか。

指導の目的は、あくまで、子どもに間違いを自覚させ次に生かすことであるはずです。さらに、犯した間違いに対して、与えるペナルティが厳しすぎれば、子どもは、

「そこまで悪いことをしたの…?」

と思い、余計に本来の指導は通りにくくなります。

むしろ、実力のある学級担任なら、**できる限りペナルティは与えないようにし、改善しようと努める姿を認めることで、再発防止を図るという心の余裕をもちたい**ところです。

先の例であれば、サッカーをやらせないのではなく、サッカーボールを片づける姿を見

つけ、それを認めるということです（サッカーボール程度のことなら、ほめるほどのことなのか、というところではありますが…）。

もし、ペナルティを与えるのであれば、事前に伝えておくことが必須だと思います。

「これをしてしまったら、○○になってしまいますよ」

とあらかじめ言っておけば、子どもも納得するでしょう。

後出しジャンケンでは子どもはなかなか納得しません。

また、ペナルティを与えるとしても、当然それが今後の改善につながるようにしなければなりません。

人は本来的に間違いを犯す生き物ですから、ペナルティを与え、

「怖いから二度とやらない」

としてしまっては、子どもが間違いから学ぶことはできません。

何が悪かったのか。何をすべきだったのか。今後、どうすればよいのか。

そういうことに気づかせることが、教師がすべきことです。

代案のない「つまらない」を見逃すな！

学級は、自由に発言できる場であるべきだと思います。

しかし、マイナス発言が教室に充満するような状況は考え物です。

「やりたくない」

「つまらない」

こういったマイナス発言を子どもが好き勝手に発言すると、学級の雰囲気は悪くなっていきます。そして、何に対しても挑戦しない集団になり、最後には人をけなすことをおもしろがるような集団になっていってしまいます。

もちろん、すべてのマイナス発言を止めることはできないでしょう。

また、子ども一人ひとり感じ方は違うので、若手教師を卒業したら、マイナス発言は是

が非でもダメ、というのではなく、**マイナス発言をしたくなる気持ちそのものは受け止めてあげるぐらいの余裕をもちたいところ**です。**注意すべきは、だれかが考えたり、したことに対して発せられるマイナス発言**です。

例えば、学期末のお楽しみ会で、ある子どもが、みんなで楽しむためのゲームを考えたのですが、あまり盛り上がらなかったとします。

そのとき、

「つまらない」

と言った子どもに対しては、躊躇なく指導すべきです。

どんなにおもしろくすることができなかったとしても、みんなを楽しませようとしたその努力は認められるべきです。そうでなければ、人のために行動することや、自分で考えることを否定することになってしまいます。

「つまらない」

と言った子どもに対して、私は2つのことを伝えます。

1つ目は、

「つまらないと思うなら、なぜ自分で盛り上げようとしないのか」

ということです。

つまらないと思うのは、だれかが自分を楽しませてくれると思っているからです。学級は他力本願の場所ではありません。全員が、自分で考えて行動すべき場所です。だれかが何かを与えてくれる場所ではないのです。

2つ目は、

「つまらないと思うなら、他の案を提案すべきだ」

ということです。

人の考えを否定することは簡単です。

しかし、否定する以上は、その理由を述べる必要があるし、代案を提示する必要があります。一方的な否定や、感情的な反論を許してしまうと、自分勝手な考え方を認めることになります。

「やりたくない」

「つまらない」

という気持ち自体は抑えられるものではありませんが、ただマイナスな発言をするのではなく、

「自分にできることは何か？」

「代案はないか？」

と考えることを子どもには求めたいものです。


大人になっても、他人の否定ばかりして、自分では動かない、発言しない、矢面に立たない人はいます。

しかし、そういう人が他人に認められることはないのです。

だから、子どものうちから、他人を否定するだけの発言ではなく、「どうすれば改善するのか」を考えて発言させる習慣をつけさせたいものです。

あえての「理由攻め」で追い込め！

子どもは、時に間違った行動をします。

多くの場合、それが間違った行動だとわかっていて、間違った行動をします。

もしかしたら、教師にはまったくわからない裏の事情で、子どもとしてはどうしてもやらざるを得なかった、ということもあるかもしれません。

例えば、いじめ。

一人の子をいじめていたのは、裏でだれかが指示をしていて、いじめないと自分がいじめられてしまうから、といったことがあるかもしれません。

理由を聞くことで、行動の原因が見えてきます。

しかし、そういった場合だけではありません。

刹那的に、やってはいけないことをしている場合も多いものです。

むしろ、そういう場合の方が圧倒的に多いでしょう。


例えば掃除。

掃除をサボるのに深い理由があるとは思えません。

しかし、掃除をサボりがちな子どもに対して、ただ、

「掃除をちゃんとしなさい」

と言っているだけでも、きっといつまでも改善はされないでしょう。

OVER35教師なら、ここで攻め方をひと工夫しましょう。

まず、

「掃除はやらなくていいの？」

と軽くジャブを打ちます。

掃除をやらないといけないということは、当然子どももわかっていますから、心理的なプレッシャーを感じます（万が一、「やらなくていい」と答えたら、学校はみんなで使っているものだから、みんなできれいにする必要があり、自分も使っているのだから、掃除

をする義務がある、と正論で返せばよいと思います)。
そして、
「どうして掃除をしないの?」とあえて理由を問います。
たいていの場合、掃除がつまらないとか、そんなことがやりたくない理由です。
しかし、それが自分勝手な理由であることは子どももわかっているので、
「理由はなく、ただやりたくないからです」
と答える子どもが多いです。
理由がないのなら、やるべきことはやらなければなりません。
理由のない行動は認めないのです。

このように、理由を求めることで、はじめて自分の行動に向き合わざるを得ない状況ができ上がります。自分が取った行動がいかに意味のないものか、そして、どれだけ人に迷惑をかけてしまっているのかを感じるのです。

最後に、

「こうやって、自分でやってはいけないとわかっていることを理由もなくやると、辛くなるのは自分だよ」

と伝えます。

厳しいようですが、理由もなくやってはいけないことをしたり、やるべきことをやらないことが、いかに自分を苦しめることになるのかに気づかなければ、間違いを次に生かすことはできません。

「自分で正しいことを考え、行動に移せる人」になることが、自立することだと私は考えています。

学級経営の目的は自立だと考えていますから、自分で正しいことを考え、そして、行動に移すためには、ちゃんとした理由を考える力が必要なのです。

「朝の会・帰りの会」の役割を問い直せ！

朝の会や帰りの会には、様々なやり方があります。

一日のめあてをみんなで考えて確認したり、友だちのよいところを見つけてほめ合ったり、前向きなことをやる朝の会、帰りの会のやり方をたくさん聞きます。

教師としてひと通りのことを経験したら、こんな常識もちょっと疑ってみましょう。

例えば、一日のめあて。

めあては人それぞれが考えればよい、という考え方もあるのではないでしょうか。私は、学級全体で1つのめあてをもって行動するなんて、ちょっと抵抗があります。

第一、そんなに毎日違うめあてをもって生活なんてするでしょうか。それよりも、個々人が毎日楽しく、笑顔で過ごせるためにどうすればよいかを考えて生活すれば、それでいい、という考え方もあるはずです。

もし友だちがよいことをしていたのなら、その場でほめたらよいのではないでしょうか。私も、みんなに紹介したいと思ったことについては、みんなの前で改めてほめることはありますが、それは、あくまで全体に「こういう視点をもってほしいな」と思ったときだけです。


私は、朝の会も帰りの会も、あくまで連絡の場だと考えています。

時間を守り、子どもが自分で始められるようには指導しますが、内容は至ってシンプルです。

・みんなからのお知らせ（個人から、係から、当番からの連絡）
・先生からのお話（私からみんなへの連絡、手紙配付）
・日直のスピーチ（朝の会のみ）

以上。短いです。

子どもも、ギリギリまで遊びたかったり、早く帰りたいと思っていたりするので、そういう意味でも、朝の会や帰りの会は長くやらないようにしています。

朝の会、帰りの会で、子どもがみんな前向きな言葉を口にしたら、教師は満足するかもしれません。

しかし、子どもは満足しているでしょうか。学年によっては素直に受け取る子どもも多いかもしれませんが、高学年ともなると、

「言わないといけないから、言っておくか」

と思うのも、これまた自然ではないでしょうか（私はそういう子どもでした）。

学級を前向きな雰囲気にする努力は必要だと思いますが、**教師が自己満足に浸っているだけなのではないか、ということに対する注意は必要**だと思います。

もしだれかがやっていることを真似するのであれば、**形だけでなく、「なんのためにやるのか」「自分の信念に沿っているものなのか」といったことまで考えられるようになる必要があると思います。**

第3章

授業づくりOVER35

「授業は学級経営の根幹」と心に刻め！

この本は、学級経営について書いた本です。

学級経営のための様々な考え方や技術、姿勢について書いてきました。

しかし、授業を外して学級経営は語れないものです。

授業をちゃんとせずに学級経営をうまくやろうとするのは無理です。20代のころは学級経営で苦労することが多いので、狭義の学級経営ばかりに目が向きがちですが、もしかすると、学級経営がうまくいかなかった原因は、授業にあったのかもしれません。

実際、子どもが学校にいる時間のほとんどは、授業の時間です。

学級経営の根幹は授業。

30代になったら、このことを改めて深く考えてみたいところです。

そこで、本章では、授業のことについて書いていきます。

私は算数を研究し、実践を重ねていますので、主に算数の授業のことを述べますが、それらはどんな授業においても共通するものだと考えています。

例えば、「1時間目の授業を時間通りに始める」ということ。

他の時間の授業も、時間通りに始めることは1時間目同様に大事なことですが、ついつい1時間目というのは始まりが遅れがちです。

学校というのは、朝の会に一日の予定や様々な連絡を伝えます。係活動等の子ども同士の連絡もします。手紙を配ることもします。

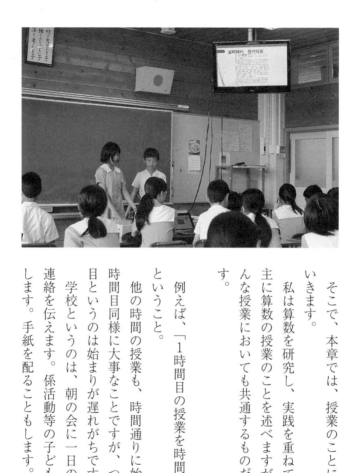

そういった連絡の中で、どうしても朝の会で伝えなければならないものは仕方ありませんが、**もし授業の開始時刻が迫っているのであれば、「今でなければいけない連絡」以外は帰りの会にします。**とにかく、1時間目の授業優先ということです。

一番よくないのは、教師の話で朝の会が長引くパターンです。特に、説話や説教と言われるものです。

学級として放っておいてはいけないことがあるのなら、それは仕方ないですが、そうでもないことであれば、そんな話は止めて、すぐに授業を始めるべきです。

朝から長々と説教をしても、教室の雰囲気が悪くなるだけです。例えば、運動会前や何かの行事前に、朝から根性論を聞かせても、教室の士気は上がりません。

1時間目の授業を時間通りに始めることは、子どもたちに「授業が大事」というメッセージを伝えることでもあります。

もし、盛り上がるような小話があるのなら、授業の中でしましょう。朝の会で話せばただのおもしろい話で終わりですが、授業中のおもしろい余談は、「授業がおもしろい」と思うことにつながります。**余談1つとっても、授業で話すことで価値が出ます。**

授業というのは、すべての子どもが様々なことを共有することができる時間です。学習だけでなく、課題に対してみんなで考えたり、協力したりすることも経験できます。

これが休み時間になると、それぞれの活動に分かれていきます。ですから、授業をしっかりと行うことで、学級ができ上がっていくのです。授業を通して、様々な価値観や経験を共有することで、「このクラスでは、こういうことを目指していくんだな」ということが子どもに見えてくるのです。

よく、「行事で子どもが育つ」という言葉を聞きます。

確かに、普段と違う場で子どもは多くの経験をすることができます。そして、成長します。しかしそれは、普段の場が安定していてこその話です。むしろ、**「行事は普段の成長を発揮する場」**だと考えた方がよいのではないでしょうか。

普段の場で最も時間を使うのは授業です。

授業を大切にすることで、子どもを成長させていきましょう。

無意味なルールに疑いの目を向けよ！

授業を行ううえで、学習規律は不可欠です。

「自分で考えることが大事」

「話し合うことが大事」

「子ども同士で活動していることが大事」

と言って、何も手を加えなければ、悪い意味で自由になります。

そうなると、「考えたい」「話し合いたい」と思っている子どもの気持ちを踏みにじることになります。教室の雰囲気が悪くなり、学級が崩れる原因にもなるでしょう。

一方で、学習規律を保つためのルールがあまりにも細かく決められ、子どもがロボットのように動くというのもどうかと思います。

いろいろなところで授業を観せていただくと、

「これは何のためにやっているのかな…？」

というルールが結構あります。

例えば、「発言するときは、必ず『はい』と言って席を立ち、椅子を入れて、発言の最後には『…です。いいですか？』と言う」というルール。

きっと、だれでも発言できるようにするために、このルールがあるのだと思いますが、果たして、本当に「だれでも発言できるようにする」ために機能しているのでしょうか。

また、何か発表をする際、「発表します。いいですか？」といちいち聞くというルール。みんなが聞いていないならわかりますが、みんな静かに聞こうとしているのに、なぜ毎回言う必要があるのでしょうか。

若手時代を卒業した教師なら、こういった当たり前のように適用されているルールにも、ちょっと立ち止まって、疑いの目を向けたいものです。

判断基準として私が有効だと思うのは、**「こんなことを大人はやっているのか」**ということです。

大人の会議で、発言をするとき、いちいち席を立ち、立った椅子を入れて、「…です。いいですか?」なんて言う人がいるでしょうか。

むしろ、そんな人がいたら、「どうかしたのか」と奇異に感じてしまいます。発言する際、「発表します。いいですか?」なんて言う大人も見たことがありません。

学習規律というのは、本来、みんなが気持ちよく、そして理解しやすいように学習を行うためのものだと思います。

ですから、無意味にルールをつくる必要はないのです。むしろ、**将来何の役にも立たないルールなど、なるべく少なくしていった方がよい**と思います。

無意味なルールは不要ですが、学習規律自体には厳しくあるべきだと思います。私が特に重視しているのは、以下の3点です。

- **人が話しているときは、話を聞く。**
- **わからないときは、わからないと言う。**
- **人が話したら、反応をする。**

ただし、これらの学習規律を保つための形式的なルールはありません。

これらは、話し合いをするときに、人として必要な「態度」だと考えています。

「人が話しているときは、話を聞く」ということは、話している人、話を聞いている人、それぞれにとって大切なことです。

もし、話しているのに相手が聞いてくれなかったらとても嫌な気持ちになりますし、話を聞かなければ、情報が得られないことで損をします。

「わからないときは、わからないと言う」ということは、ちゃんと話し合いに参加していなければできません。だから、「わからない」と言うのは恥ずかしいことではなく、しっかり話を聞いている証拠で、とてもよいことなのです。ですから、「わからない」と言うことをとても大切にします。また、「わからない」と言うことで、理解していないことを放置しないという意識を子どもの中に高めていくこともねらっています。

「人が話したら、反応をする」のは当たり前のことです。人は一人で生きているわけではありません。少なくとも、学校では多くの人が一緒に生活をしています。相手が何か話をしているのであれば、うなずいたり、「わかる」とか「わからない」とか、何か反応したりしなければ、相手を不安にさせ、嫌な気持ちにさせます。それが一対全体であったとしても同様です。せっかく話をしてくれているならば、何か反応をすべきです。

ここで少し気をつけたいことがあります。

学習規律は、決して、教師が子どもを思いのままに動かすためのものではないということです。

例えば、「静かに人の話を聞くこと」と「授業中静かでいること」は、似ているようで意味合いが全然違います。

授業は、子どもがみんなで学習に向かい、考える力を伸ばし、新しい発見をするためのものです。だから、「静かでいること」自体が目的の学習規律というのはあり得ません。

我々教師は、そういった目的をはき違えないようにしたいものです。

私が思う学習規律がちゃんとある学級というのは、授業で考えることがあるときに、みんなの意識が問題解決に向かうクラスだと思います。

多少うるさくても問題ありません。

ちゃんと目の前の問題を解決しようとまわりと話し合って騒がしくなっているのであれば、むしろ、それはとてもよい状態です。

くれぐれも、静かに授業を受けるだけのクラスにしないことです。

そして、

「いいですか？」

「いいです」

という無意味な大合唱をするクラスにしないことです。

これは強く言いたい！

ノートを取るより、発言させせよ！

ノートを書くのはとても大切です。

授業で出された様々な思考を残し、自分の考えをまとめ、学習の記録を残していくことができます。将来の学習で、ノートを見直すことで、既習とのかかわりを考えることもできます。

昨今では、前項で取り上げた学習規律にかかわるルールと同様、ノート（板書）の書き方にも学校全体でルールが設けられているようなケースも多いのではないでしょうか。

しかし、ここでＯＶＥＲ35教師にあえて言いたいのは、

「ノートをきれいに取るより、発言をさせろ！」

ということです。

4月に新しい学級を担任すると、授業中にあまり発言せず、ノートをひたすら取っている子どもがいます。

それまで、「ノートをしっかり取りましょう」と指導されてきた結果なのか、それとも、ノートを書くことで勉強していると錯覚しているのか、とにかく、ノートを取ること＝授業と思っている子どもがいます。

そんな子どもには、

「そんなにきれいにノート取って、後で見るの？」

と聞いてみます。

すると、子どもは、

「見ません」

と答えます。

悲しいことですが、それが現実でしょう。

そこで私は、

「ノートを取るよりも、発言することを優先しなさい」

と伝えます。

ノートを取ると、自分では勉強した気になります。しかし、経験上、**ノートに書くことに一生懸命になっている子どもほど、学習内容の理解に苦しんでいるという傾向がある**ように感じます。ノートを取るという行為だけでは、知識は定着しないということです。

逆に、**一番知識が定着するのは、自分の考えを人に説明するとき**だと思います。

自分の考えを人に説明するためには、言いたいことをまとめていく必要があります。その過程で、重要な知識と不要な知識を精査します。また、説明していると、自分の考えが間違っていることや、根拠として不足していることなどに気がつきます。発言することで、わかっていることだけでなく、わかっていないことも自覚できます。そうなれば、より完全な形で知識が残っていくのです。

ノートを取ることを優先している子どもには、勇気をもって発言を優先するように声かけをしていくことが大事だと思います。

発言には慣れが必要です。

発言できない子どもの多くは、人前で発言することに慣れていないのです。

何度か人前で発言する機会をもてば、発言することの大切さに気づくはずです。学習内容の理解が進むだけでなく、何かに挑戦する力が身についていくことを実感するからです。

挑戦すれば、必然的に失敗することも出てきます。

失敗して落ち込むこともあるかもしれませんが、実際に失敗してみなければ、「失敗することのよさ」にも気づくこともできません。

人は、成功よりも失敗から学ぶことが多いものです。失敗すれば、「こういうことが足りないのだな」「次はこうしよう」と考えます。

そして、小さな失敗など、自分が気にするほどまわりの人は気にしていないことにも気づけます。

ノートを取るのが効果的な3つの場面を意識せよ！

では、ノートはまったく取らなくてよいのか。

そんなことはありません。

それなりの経験を積んできた教師なら、確実に力をつけられる授業をしなければ、子どもからも保護者からも信頼されません。

そのためには、**ノートを取るのが効果的な場面を見極める必要があります。**

私が考えるその「効果的な場面」とは、以下の3つです。

- **問題を解き、自分の考えをまとめるとき**
- **友だちのよい考えに触れたとき**
- **授業の大事な考え方を学習感想としてまとめるとき**

もちろん、これ以外の場面でも、子どもが「書きたい」と思えば、自由にノートを書くことは止めません。しかし、だれかが説明しているときや、みんなで議論しているときは、なるべくノートは書かず、議論に参加することを意識させます。

さて、なぜ先述の3つの場面でノートを取るのが効果的なのかを順に述べていきます。

問題を解き、自分の考えをまとめるとき

多くの場合、問題を解くためには、書くことがどうしても必要になります。

答えを出すだけならノートを使わなくても可能な場合もありますが、「どうしてそうなるのか」という理由まで考えようとすると、書いてまとめていく必要があります。

だから、問題を解決するときは、

「ノートに自分の考えをまとめるといいよ」

と声をかけます。

論理というのは、言葉でつくられていきます。

「○○だから△△になる」と考えるとき、まずは頭の中で考えますが、それをノートに

書き出すことで、より明確になります。どんな言葉を使うのかを考えるからです。

　自分で考えたことをノートに書くことで、発言もしやすくなります。

友だちのよい考えに触れたとき

　次に、授業中に友だちが発言したことで、「これはいいな」と思ったことは、ノートに書き留めさせます。

　友だちが説明したことを書き留めておくと、後の学習で使えることが多々あります。

　授業というのは、自分一人では思いつかなかった考えに触れられることに価値があります。一人で勉強するよりも、学校でみんなで勉強する方が、いろいろな考え方に触れられておもしろいのです。

　ただし、すべての考えを書かせようとすると、またノートを取るだけの子どもが増えるので、注意が必要です。

授業の大事な考え方を学習感想としてまとめる

　私は、算数の授業の最後に必ず学習感想を書かせます。学習感想は、その日の授業で大事だった考え方や新しく発見したことを書くように伝えています。

授業中に振り返りをし、授業中に出た重要な考え方は黒板に残すようにして、書きやすくしています。そのうえで授業を自分で振り返らせるようにしているのです。

1時間の授業を振り返り、自分の言葉でまとめることで、自分なりに授業の要点を見つけることができ、次の時間以降に使えるような考え方も記憶に残ります。

以上、3つの場面を示しましたが、結局は、**自分の考えをまとめ、説明し、議論するためにノートを使っている**ということです。

自分の考えを書くのも、友だちの考えを書くのも、1時間の振り返りを書くのも、すべては、その後の学習で自分の考えをもてるようにするためであり、発言するためなのです。

教室の「聞く状態」にこだわれ！

人の授業を観ていて、うまくいっていないと感じる授業には、ある共通点があります。

それは、とにかく子どもが教師の指示や説明を聞いていない、ということです。

もう少し突っ込んで言うと、**教師がそのことに無頓着で、聞いていないのに指示をしたり、子どもに発表や説明をさせたりしています。**

そうして、多くの子どもたちは各自で勝手なことを始めます。注意しても、その注意自体を聞いていません。

これは、授業に限った問題ではなく、学級崩壊の始まりとも言える状態ですが、子どもの反応に無頓着になるというのは、少し経験を積んだ教師にありがちなことで、ＯＶＥＲ35教師が気をつけたいポイントと言えます。

授業に限ったことではありませんが、まずは学級全体に「聞く状態」をつくり出すことが必要です。

「注意したからOK」ではなく、全員が「聞く状態」になっているかを確認してから話を始めるのです。

例えば、何か指示をする際、子どもがおしゃべりをして聞いていないとします。

そこで、話を聞くように注意をします。ここで、注意して終わりにするのではなく、全員がこちらを向いているのかまで確認するのです。おしゃべりをしていなくても、何か作業をしていたり、ノートを書いていたりする子どももいます。そういった、話をする人の方を向いていない子ども全員に声をかけ、100％話をする人の方を向いたのを確認してから話し始めるのです。

これは、教師だけでなく、子どもが何か発表をしたり説明をしたりするときも同じです。

要するに、「話をしている人の方を静かに見る」ということを意識させるのです。

もちろん、言うは易しで、なかなかできるようになりません。

しかし、できなければ、その都度声をかければよいだけの話です。

実際、「だれかが話しているのに、まわりの人としゃべってしまう」というのは、子どもだけでなく、大人にもありがちな話です。

だから、「何度も注意したのにやらない」と嘆かず、何度でも言ってあげればよいのです。

「聞く状態」を意図的につくり出せるようになると、授業でやっていることを学級全体で共有することができるようになります。

例えば、ある子どもが考えたことを説明した後、次の子どもの説明を聞いているとき、

「前の○○さんの考え方と同じだね」

とか、

「△△君の考えは…が○○さんとは違うね」

などと、子どもの考えがつながっていきます。

授業というのは、みんなでやることに意味があり、それが学校に来る意味でもあります。せっかくたくさんの子どもがいるのに、一人で考え、できるようになっても、それは家で勉強しているのと変わりません。

自分では気づけなかったことに気づき、様々な考え方や視点があることを知り、みんなで新しい発見をするところに授業のおもしろさがあります。

そのために必要なことが「聞く状態」なのです。

子ども同士で対話をさせたいのであっても、まずは「聞く状態」をつくることです。

「対話」というと、話すことばかりに目が向きがちですが、**一番大切なのは、子どもが「聞く状態」になっているかどうか**なのです。

話し手ではなく、聞き手を注視せよ！

子どもに発言をさせる際に、前項で述べた「聞く状態」をつくるうえで効果的な方法が1つあります。

それは、教師が、説明している子どもではなく、その説明を聞いている子どもを見るということです。

正確に言うと、発言をしている子どものことをまったく見ないわけではないのですが、どちらかというと、聞いている子どもの様子の方に注意を傾けるということです。

教師が話しているときは、子どもは全員聞き手なので、教師の意識も自然と聞き手に向いていますが、子どもが話しているときは、どうしても、話している子どものみに注意が向きがちです。

しかし、話している子どもの陰で、よくわからなくなってしまっている子どもがたくさんいます。

例えば、算数の授業で、自分の解き方を黒板の前に出てきて説明してくれている子どもがいたとします。

教師はある程度発言内容を想定しているので、子どもがずっと話していても理解することができます。

しかし、子どもは違います。

説明が少しでも複雑になってくると、ついてこられない子どもがたくさん出てきて、ただ聞いているふりをしているだけになっています。

手遊びを始めたり、隣の子どもと関係のない話をし始めたりすれば、こちらも見つけやすいのでまだよいのですが、**多くの子どもは、ただ聞いているふりをしているだけ**なのです。

こういった現象に敏感になるために、話している子どもではなく、聞いている子どもの方をよく見て、子どもの表情を読み取るのです。

そうすれば、子どもが理解できているかどうか、ある程度わかってきます。

「これは、あまり伝わっていないな」

と判断したら、**細かく区切って話の内容を確認していくとよい**でしょう。

「ここまではわかるかな?」

とか、

「ここまでのことを、もう一度説明できる人いるかな?」

と問い返していくのです。


先に、多くの子どもは、わからないのにただ聞いているふりをしている。と述べましたが、自分から「わからない」と言い出せない子どももいます。

むしろ、「わからない」と言える子どもの方が稀です。

そういった子どもを「聞いていないから悪いんだ」といって置き去りにしていったら、授業は成立しません。

もちろん理想は、教師が注視していなくても、友だちの話をしっかりと聞き取れるようになることです。

しかし、人の話を耳で聞くだけで理解しろというのは、かなり次元の高い要求です。まして、子どもの場合、説明自体が不十分なことも多く、聞き手を意識して話せる子どももも多くはありません。

だからこそ、教師が聞いている子どもの様子をよく見て、

「これは伝わっていないないな」

と思ったら、聞いている子どもたちに内容を確認することが必要なのです。

少なくとも、黒板の前で、発言している子どもと先生が二人で話し合って、聞いている子どもを置き去りにするような授業は、絶対に止めなければなりません。

「自力解決」にこだわるな！

問題解決的な授業の一場面を表す言葉として、「自力解決」という表現がよく使われます。

若手教師のころにこの言葉を知り、なんとなく使っている先生も多いのではないでしょうか。

しかし、若手教師時代を卒業したら、授業者としての力量を高めていくために、こういった指導用語1つにもこだわっていきたいところです。

実は、私はこの言葉に強い嫌悪感をもっています。

理由は単純で、**「なぜ自分一人（自力）で問題を解決しなければならないのだろう」**と思うからです。

想像してみてください。

職場や家庭で何か問題が起きたとき、自分一人で問題を解決しようとすることがどれくらいあるでしょうか。

多くの場合、何か大きな問題が起きたら、いち早く経験者に聞きに行ったり、身近な人に相談しながら解決しようとするはずです。

それなのに、なぜ授業では、自分一人で問題について考える場面が標準になっているのでしょうか。

自力解決に意味がないとは言いません。

例えば、授業の後半で、一人ひとりの子どもが授業で学習したことを理解しているのかを確認するために問題を解かせるときなどは、自分一人で問題を解決しなければ、評価することができません。テストも同様です。

しかし、はじめて考えるような問題に出合ったとき、いきなり一人で考えることが本当に正しい姿なのでしょうか。

むしろ、いろいろな人とかかわりながら、自分ではわからないことを人に聞き、問題に対処する力を養うことの方がずっと大切なのではないでしょうか。

もちろん、自分一人で考えたい子どもは、それでも構いません。

でも、自分では問題を解決できなかった子どもや、何となく考えたけど自信がもてない子どもは、どんどんまわりの友だちと相談させてよいと思うのです。

自力解決中、手がつかない子どもは何をしているでしょうか。

考えているように見えますが、本当は何もできずに困っているだけです。

「わからなかったら、まわりの人と相談してもいいよ」

と教師がひと言指示するだけで、そういう子どもは減ります。

そうすると、その後の話し合いも活発になります。自分なりの考えをもっていれば、だれかの考えを聞いたときに、自分の考えとの共通点や相違点に気づくことができるからです。そうなれば、自然と理解も深まっていくことでしょう。

「まわりと相談したら、自分の考えではなくなる」と思う方もいるかもしれません。

確かにそうです。

実際、自分で考えられなかった子どもが、まわりの子どもの考えを聞いているだけという場合も多々あります。

でも、それでいいじゃないですか。

いつかは、一人ひとりが前の学習や自分の経験を基に、新しい発見をできるようにしたいと願って授業をします。しかし、それを最初からすべての子どもに求めてしまっては、一部の子どもにとっては、ただただ辛い授業になってしまいます。

――この「自力解決」、「考える時間」とか「考えをもつ時間」とかになればいいのになと思っています。

ちなみに、この話をすると嫌な顔をする先生が結構います。

話すことで自信をつけさせよ！

本章では、ここまで「発言する」ことについて繰り返し述べてきたので、授業の中での「話す」について、もう少し深く考えてみたいと思います。

行事の児童代表の言葉などを聞いて、

「○○君は、とても立派に話すことができた」

といった言葉を耳にします。

確かに、聞いている人たちのことを考え、子どもや保護者、教職員が胸を打たれるような言葉を話すのはすばらしいことです。

しかし、ここで話していることは、事前に準備した言葉で、授業で求められる「話す」とは意味合いが違います。

授業で求められるのは、**「自分の目の前の問題に対して、今自分が考えたことを発言する」**という意味の「話す」力なのです。

確かに、準備した言葉であっても、人前で話す経験をたくさんすることは有意義です。しかし、**大人になると、準備した言葉を話す機会よりも、今自分が考えたことを話す機会の方が圧倒的に多い**という現実があります。

多くの場合、議論というのは、その場で課題が見つかり、どんどん話題が変わっていきます。議論をする中で、真の課題が見つかっていくのです。準備した言葉を話す機会など、ほとんどありません。

そして、今自分が考えたことを話す力を養うのに最適なのが授業です。

授業には、いつも考えるための課題があり、議論ができます。しかも、どんなに間違えたとしても実害はありません。

今、どんなに間違えたとしても実害はない、と述べましたが、これは教師の言い分であって、子どもにとっては違います。

子どもにとって、今自分が考えたことを話すことには、とても勇気がいります。

「間違えていたら、どうしよう」

「間違えていたら、なんて思われるだろう」

という不安を抱えるのは当たり前です。

だからこそ教師は、間違えた子どもがいても、**その発言の中からよい考え方を見つけて価値づける**のです。

もしくは、**できなくても発言したことをほめる**のです。

そうやって、とにかく今自分で考えたことを話すことができるように働きかけていくのです。


自分で考えたことを話せるようになると、子どもは自信がついていきます。

そして、失敗を恐れなくなっていきます。

「子どもに自信をつけたい」

と思うのであれば、とにかく今自分で考えたことを話させる機会を増やすことです。

そして、内容ではなく、話したこと自体を肯定していくことです。

「自信がつくと、話すようになる」

のではなく、

「話すようになると、自信がつく」

のです。

「どうして勉強しないといけないの？」に対する答えをもて！

「どうして勉強をするの？」

「どうして勉強しないといけないの？」

高学年ともなると、こんな質問をしてくる子どもがときどきいないでしょうか。

勉強をしたくないから屁理屈を言っているだけ、で片づけてしまえばそれまでですが、子どもなりに自分の将来のことを考え、勉強することの意味を模索しているのだと前向きに捉えたいものです。

そして、ＯＶＥＲ35教師なら、この問いを正面から受け止め、提示できるような答えをもっておきたいところです。

大人になると、

「もっと勉強しておけばよかったなぁ」

と感じる場面はたくさんあるのですが、大人になったことのない子どもにはそれでは伝わりません。

そして、言うほど困ることもありません。少なくとも、知識程度のことであれば、インターネットで調べればたいていは事足ります。今の時代、スマホもありますから、時間も場所も、ほとんど選ばず、知識を得ることはできます。

だから、知識を得るだけの勉強であれば、そんなに必要はないのです。

よって、**「勉強＝知識を身につけること」と捉えているのであれば、まずはその捉えを改めないといけない**と思います。

勉強をする意味というのは、それぞれの教科で違ってきますが、例えば、算数であれば、私は「創造力をはぐくむこと」がその意味だと考えています。

ここでいう創造力というのは、**まったく新しいものを創り出すということではなく、前に学習したことや、経験したことを基に、新しいことを発見する力**です。

算数というのは、習ったことを使えば、新しいことを発見できる教科です。これは、他教科ではなかなか味わえない経験です。

例えば、小数のかけ算の仕方を考えるとします。そのままでは計算ができないので、今まで学習してきた整数のかけ算やわり算を使ってできないか考えます。

「80×2.3」だとしたら、「80×23÷10」としたり、「80÷10×23」としたりして計算しようとすることです。

「はじめての計算で、自分ではできないと思っていた小数のかけ算が、今まで学習したことを使えばできた！」

という経験は、

「前の学習を使えば、自分で新しい発見をすることができる！」

という自信につながるでしょう。そして、こういった経験の積み重ねが「創造力をはぐくむこと」につながっていくのです。

既知のことを基に新しいことを発見する力は、どんな仕事に就いても、どんな立場になっても必要な力です。だから、算数を勉強する必要があるのです。

理想は、すべての教科について勉強することの意味を子どもに話せるようにしておくことだと思います。

しかし、それは難しいかもしれません。そうであれば、何か一教科でよいので、勉強する意味を子どもに話せるようにしておくとよいと思います。

「どうして勉強をするの？」に対する答えを考えることは、自分の授業観を考えることそのものであり、その過程で、見失っていたことを見つけたり、新たなことを最発見したりして、結果として、授業が改善されていきます。

学級全員を同じスタートラインに立たせる術をもて！

「もう解き方を知っている子どもがいて、その子が答えを言って終わってしまう」

「これから学習する内容を、知っている子どもと知らない子どもがいて、なかなか話し合いが成立しない」


よく耳にする話です。

こんな状況に鑑みて、習熟度別学習が浸透しつつありますが、学級担任の立場で考えたとき、それは果たして最適な方法でしょうか。

学級を分けて授業をするということは、授業を学級経営とは切り離すということです。

ワンランク上の授業者、学級担任を目指すなら、そういうやり方を無批判に受け容れたり、仕方がないと簡単にあきらめたりするのではなく、自分なりの術をもつ必要があります。

問題は、**子どものスタートラインがそろっていないことで、授業で考えるべきことが共通にならない**ということです。

例えば、6年生の算数で円柱の体積の求め方を学習します。

塾で先行学習をして円柱の体積の求め方を知っている子どもと、まったく知らない子どもが学級の中に混在しています。

この状況で、「円柱の体積を求めること」自体を授業の課題とすると、知っている子どもは考えることがなくなってしまいます。検討場面になったら、知っている知識を使って答えを出せば、それで認められてしまいます。

そこでまず、

「どうやったら円柱の体積を求めることができるのか」

を授業の課題とします。

円柱の体積の求め方を知っている子どもは、「どうやったら？」と問われれば、「底面積×高さ」という公式を答えるかもしれません。

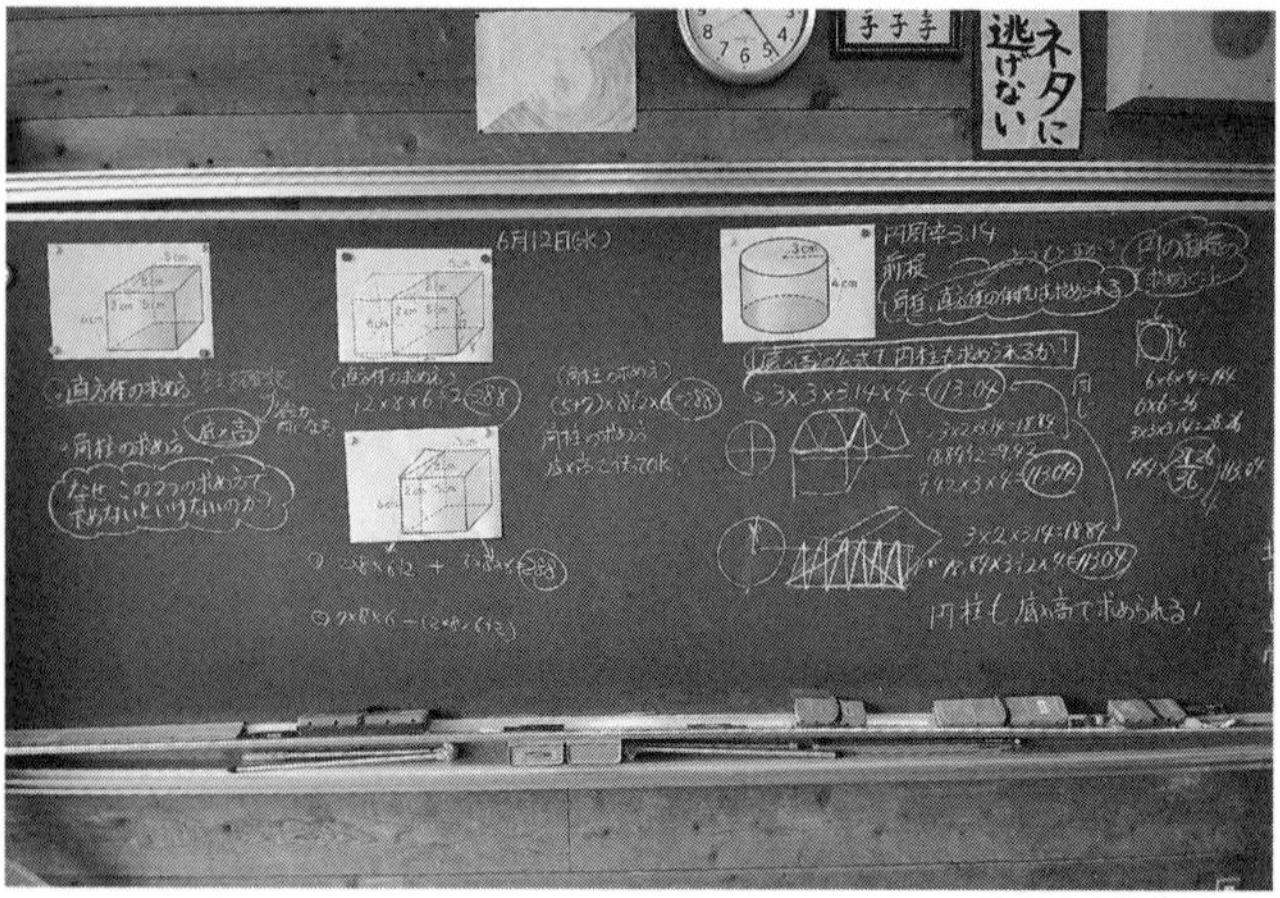

しかし、それでOKとしてはいけません。

「なぜ、『底面積×高さ』という公式で体積が求められるの?」

と食い下がります。すると、この問いに答えられる子どもは圧倒的に少なくなります。

そこで、

「今までに習ったことを使って、円柱の体積の求め方を考えよう」

と投げかけます。

これでようやく、子どもが同じスタートラインに立って授業に取り組むことができます。

知識を与えられることに慣れている子どもは、あまり理屈を考えようとしないので、先行学習をしている子どもの方が、意外に苦戦します。

　ちなみに、円柱の体積は、角柱の体積の求め方を習っているので、なんとか円柱を角柱にできないかと考えるところにポイントがあります。円の面積の求め方のときにやったように、底面の円を細かく三角形に分けて組み換え、長方形や平行四辺形に変形していくのです。そうすると、円柱を角柱と見直すことができるため、既習である角柱の求め方で体積を求めることができます。そして、式に表して、式の意味を考えていけば、「底面積×高さ」という公式にまとめることができるのです。

　このように授業を組み立てていくためには、**「答えが出たら終わり」ではなく、「なぜそうなるのか？」ということを、教師も子どもも意識できるようになることが非常に大切**です。

　先行知識をもっている子どもが「できる子」と認められ、そうでない子どもが「できない子」と見なされるのは、学級経営上も大きな問題です。

　間違えてもよいので、「自分で考える子」が認められる学級にするための授業を心がけたいものです。

「予想外」を楽しめる授業者になれ！

研究授業の協議会で、

「○○さんの反応は予想していたのですか？」

という質問を受けることがあります。

予想していることもありますが、予想していないことも少なくありません。

若手の教師にとって、この「子どもの予想外の反応」というのは、授業をするうえで大きな不安のタネだったりします。正直、困ることがあるのも事実です。

しかし同時に、いい意味で驚かされることも多いものです。そして、これは**授業をする楽しみの1つ**でもあるのです。

予想外の子どもの反応に不安を覚えるか、楽しみと感じるかは、教師の気のもち方次第です。

ＯＶＥＲ35教師なら、気持ちに余裕をもって、予想外の子どもの反応を楽しめるようになりたいものです。

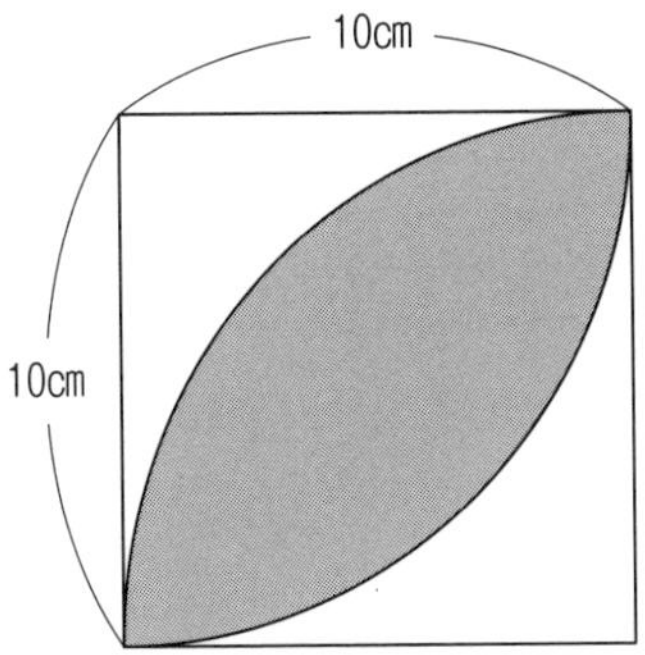

6年生の円の面積の活用問題で、上の図の網かけ部分の面積を求める問題があります。

この問題は長く教科書にも掲載されている、古典的な問題です。よって、新しい解き方というのを予想することも難しいものです。

以下で紹介する授業においても、子どもたちの反応について、驚くような解き方が出ることは予想していませんでした。

実際、授業が始まってみても、やはり子どもたちからは、私の予想を上回るような反応は出てきませんでした。それは、悪いことではありません。子どもが一生懸命考え、円の面積の求め方を活用して解いているので、

「円の面積の求め方を使えば、こんな形の面積も求められるんだ」
という発見ができているので、とてもよいと思っていました。

いずれにしても、私は何度もこの問題を使って授業をしていたので、安心して子どもの反応を聞いていました。

ところが、ある子どもの反応に、私は焦りました。

その子は、上の式で解いたのです。

(10×10×3.14÷4÷2×2−10×10÷2) ×2

この式が出されたとき、私の頭は「?」だらけでした。

この式を読み解き、どのように考えたのか、みんなで考えました。

そのときも、私は頭をフル回転していました。しかし、まったく意味がわかりませんでした。

その子にどうやって考えたのかを聞くと、次のような説明をしてくれました。

「10×10×3.14÷4÷2で、円の8分の1の面積を求めた。×2をすることで、それを網かけ部分の半分が重なるように反対側にくっつけた。そうすると、直角三角形になる。でも、網かけ部分の半分が重なっている。そこから、直角三角形の面積10×10÷2をひけば、網かけ部分の半分の面積が求められる。それを2倍すれば、網かけ部分の面積になる」

わかったでしょうか。


この説明を聞いて、私は本当に感心してしまいました。

自然と拍手をしてしまいました。

まさに、子どもの予想外の反応を楽しんだ瞬間でした。


若手であっても、中堅であっても、まともな教材研究も、準備もせず授業に臨むというのは当然NGです。

しかし、できる範囲で教材研究をし、授業準備をしたら、実際の授業はある程度流れに任せ、子どもが教師の予想を超えるような反応を見せてくれたら、素直に楽しめばよいと思います。


理解できないことを言ってきたら、素直に、

「どういうこと?」

「教えて」

と聞けばよいのです。

ある程度の教師経験を積んでくると、その経験が邪魔をして、意外にこの素直な言葉が出てきません。

いくら経験を積んだからと言って、何でも先生が知っている、なんてことはないのです。むしろ、自分の予想を超えるような子どもが育っていることを喜び、予想外の反応を楽しみましょう。

第4章

保護者対応OVER35

気になる保護者のことで頭を一杯にするな！

よく、**「味方が2割、敵が2割、あとは無関心」**などと言いますが、人に接するときは、そのぐらいの気持ちでいると気が楽になるのではないでしょうか。

ですから、保護者の中になかなか自分の考えを理解してもらえない方がいても当然です。自分とは違う価値観の人がいて当たり前なのです。

むしろ、自分の考えが絶対と思うことの方が間違っています。

それを保護者に押しつけようとしたりすれば、うまくいかなくて当たり前です（反対の立場なら、嫌ですよね？）。

そう考えると、

「どうして、あの保護者は自分の考えを理解してくれないのだろう」

と悩まなくてもよいのです。

とはいえ、理解してもらわなくていい、というわけでもありません。

教師というのは、どの校種であれ、保護者と一緒に子どもをよりよく育てるわけですから、保護者の理解なしに学校教育は成り立ちません。

また、**保護者が担任のことをあまりよく思っていなければ、それは必ず子どもにも伝わります。**そうなると、子どもとの関係にもよい影響を与えません。


保護者に、自分の教育理念を理解してもらうためには、様々な手段があると思います。学級通信を工夫したり、授業参観を増やしたり、保護者会でプレゼンをしたり…、まだまだいろいろな方法があると思います。

どれもよいと思うのですが、そもそも論として、**「保護者は怖い相手だ」という思考回路に陥らないことが非常に大切**だと思います。

若手時代の様々な経験がそうさせるのか、ある程度の教師経験を積んでも、「保護者は怖い相手だ」といつも身構えている先生が少なくありません。

これは私の経験から確実に言えることですが、全員ではないにせよ、保護者の多くは、がんばっている先生の味方でいてくれます。味方でなかったとしても、困らせたり、攻撃してきたりするような保護者はほとんどいません。

どうしても、気になる保護者にばかり目を向けてしまう気持ちはわかります。

そして、そういう保護者に自分の考えを理解していただこうと努力することも必要だと思います。

しかし、**そのことばかりで頭を一杯にしても仕方ありません。**

目の前にいる子どもたちと楽しく過ごすことを最優先にしてみたら、それだけで気持ちはだいぶ前向きになります。

いずれにしても、保護者は怖い相手ではありません。

ましてや敵でもありません。

だからといって手を抜くのではなく、自分のできることをしていくとよいと思います。

それでも理解していただけない保護者がいれば、話を聞き、こちらの考えを伝え、少しでも誤解を解消する努力をしていければよいのではないでしょうか。

それでも、１００％うまくいくとは思えません。

しかし、努力をしていけば、それで十分なのです。それ以上はできません。保護者と同じように、教師だって人間ですから。

保護者の多くは理解してくれる人たちです。

あなたの理解者はたくさんいます。

「先生、私は味方ですよ！」と声に出してくれる人だけが理解者ではありません。

現状に満足せず、相手の価値観を理解し、自分の考えも伝えていく努力だけは怠らないようにしていきたいものです。

「子どもファースト」を普遍の価値観と思うな！

私は、30歳で教師になりました。それまでは会社員をしていました。ですから、一応、教師の世界とは違う世界を知っています。

どんな世界も、違う世界から見たら驚くことばかりです。

よく「教師の常識は世間の非常識」なんて言葉がありますが、それは半分当たっていて、半分間違っていると思います。

教師の常識が世の中ですべて通じるとは思いません。しかし、それはどの業種でも同じです。結局は、**その職場のローカルな常識でしかない**のです。

何が言いたいのかというと、**「自分の仕事における常識は疑ってみる必要がある」**ということです。これは特に、ローカルな職場の常識にどっぷりと浸かり始めたOVER35教師にとって大切な意識だと思います。

教師は、どうしても子どものことを中心に考えます。

「子どものためになることなら、何を差し置いてもやるべきだ」という価値観をもっています。

しかし、その価値観は教師にしか通じないものかもしれません。

なぜなら、教師は子どものためになることをするのが仕事だからです。だから、教師は日中の多くの時間を、子どものためになることについて考えていられます。むしろ、そうあるべきでしょう。

しかし、保護者はそうではありません。会社勤めをしている方なら、日中の多くの時間を、お客様の対応や会計業務、はたまた在庫管理など、様々な仕事に費やしています。


例えば、お弁当。

子どものために、すべて手づくりで料理をしてあげたいと思うものでしょう。その方が栄養があるし、健康にもよいので、確かに子どものためになります。

しかし、様々な理由で冷凍食品に頼らざるを得ない家庭もあります。

保護者も本当は手づくりのお弁当をもたせたかったけれど、仕事が忙しく、疲れてしまって、料理をする体力がなかったのかもしれません。

それでも手料理でなくてはいけないのでしょうか。


例えば、雑巾。

買った雑巾を持って来てはいけないのでしょうか。

本当に雑巾は、親がミシンを使って縫ってあげないといけないのでしょうか。

ある程度教師の仕事を続けていると、

「こうした方が子どものためになるのに、どうしてそうしてあげないのだろう」

と、疑問に思うことがそれなりにあるでしょう。

そして、それは、教師の立場から見れば正しいことかもしれません。

しかしそこで、**保護者の立場になって、同じことをもう一度考えてみてください。**

そうすると、その「子どものためになること」が、したくてもできない理由が見えてくるはずです。

そうしたら、もしかすると、教師としての自分が思っている常識の範囲も広がるかもしれません。

ただし、「これは、もしかしたら、子どものことを全然見てくれていない」と感じる場合もあるかもしれません。そういったときには、躊躇せず、保護者に話を聞いてみることが必要です。

するかどうか迷ったら、しろ！

昨今は、働き方改革が叫ばれ、教員の働き方についても、かなりいろいろなことが言われるようになりました。

「時短」なんていう言葉も流行しています。

「ワークライフバランス」は、ＯＶＥＲ35教師にとって、ホットな話題でしょう。

そんな中で、保護者対応が問題に上がることがあります。

確かに、保護者対応に追われて退勤時刻が遅くなることは問題です。

退勤時刻が遅くなるような保護者対応をしなければならない理由は様々ですが、いずれにしても、できるだけ遅い時刻にならないような対策を練らなければなりません。

まず、遅い時刻まで保護者対応をする場合、突発的な案件でない限り、そのとき限りではなく、いろいろなことが積み重なった結果ではないかと思います。簡単にいうと、保護者との関係が少しずつうまくいかなくなってきて、どこかで不満が表出してしまった可能性が高いということです。

そうならないためには、やはり普段から保護者としっかりコミュニケーションを取るほかないと思います。

そして、コミュニケーションの手段としては、連絡帳より電話がよいと思います。

例えば、学校で子どもがケンカをしたとします。

そのとき、相手の子どもに暴力をふるってしまいました。特にケガがなかったとしても、状況を把握し、その経緯をどちらの親にも連絡する必要があります。

そのとき、連絡帳に書いて伝えるのと、電話で直接話すのとでは、その後の展開が全然違ってきます。

一番の違いは、**双方向のコミュニケーションであるか否か**という点です。

伝えることは同じでも、相手がどのように感じているのかがわかる電話の方が、その後の対応を決めやすくなります。また、直接話して対応策を考えていくだけで、保護者の心配を減らすこともできます。

何か大きなことがあったとき、すぐに会えるのであれば、会って話すのが最適でしょう。

しかし、保護者も忙しいですから、まずは電話で話すということが得策だと思います。


ところで、電話をするかどうかの判断基準は、人それぞれだと思います。

そして、状況にもよるでしょう。

もちろん、何もなければ連絡する必要はないのですが、自分でちょっとでも気になることがあったら、電話をするとよいと思います。

要するに、**するかどうか迷ったら、した方がよい**ということです。

保護者と直接話して後悔することは絶対にありません。

ただし、気をつけなければならないことがあります。

それは、**あまり長い時間話すと逆効果になる場合がある**ということです。

電話が長引くということは、お互いの意見に食い違いが出ている証拠です。

電話では、相手の表情は見えません。だから、あまり長く話していると、今度は話がこじれる可能性もあります。

もし、電話で対応しきれないと判断したら、いったん仕切り直しをして、直接会って解決策を話し合うという選択肢も忘れないようにしたいものです。


とはいえ、やっぱり保護者と話をするのは何年経っても緊張するものです。

いつも一緒にいる子どもとは違います。

でも、保護者も学級経営をしていくうえではとても大切な存在です。

だからこそ、緊張するからといって直接話をすることから逃げず、向かい合う必要があるのだと思います。

トラブル対応は「細やかさ×スピード」と心得よ！

子ども同士のトラブルは学級にはつきものです。

その場で子どもが自分たちで解決できるトラブルもありますが、教師が入らないと解決できないものもあります。

例えば、休けい時間にサッカーをして遊んでいるときに、だれかがケガをしてしまったとします。

ケガをした子どもは、

「○○が、わざと足を引っかけてきて転んだ」

と言っていて、足をひっかけた方は、

「わざとではなく、たまたま引っかかってしまった」

と言っているとします。

教師がその場にいたわけではないので、どちらの説明が正しいのかわからないのであれば、他の子どもにも状況を聞きます。

しかし、最後までお互いの意見は食い違ったまま、ということもよくあります。

そこで教師が強引に白黒つけてしまっては、どちらかの子どもに不満が残ります。

そういった場合、**とにかく状況をなるべく正確に聞き出し、文章で紙に残します。**そして、その紙をそれぞれの子どもに持たせ、保護者に見せるように指示します。そうすれば、**まずは「何が起きたのか」ということを保護者に理解してもらうことができます。**

そこで終わらせるのではなく、これからのことを子どもに考えさせます。

子ども同士のトラブルを、教師が裁判官になって裁いていても仕方ありません。

そうではなく、トラブルが起きると、お互い嫌な気持ちになることを理解させ、今後、どうすればトラブルが起きないかを話し合わせるのです。

サッカーであれば、「相手がけがをするような接触をしない」とか、「勝ち負けにこだわり過ぎる遊び方をしない」とか、いろいろあると思います。

話し合ったからといって、今後同種のトラブルがなくなるとは限りませんが、少なくとも、多少は気をつけるようになりますし、目の前のトラブルを自分たちの行動を改善するためのきっかけにすることができます。

さて、保護者対応としては、ここからが重要です。

子どもが下校した後、状況と今度の対処法について子どもと話し合った内容を保護者に電話で伝えます。

状況は子どもから渡した紙を見ればある程度わかりますが、それだけでは不誠実、あるいは冷たい対応と感じる保護者が少なくないと思います。

一方、子どもから紙を渡したうえで教師が電話をすれば、逆に細やかな印象を受けるはずです。

状況は正確に伝え、話した内容やその場でのやりとりを踏まえつつ、こちらの指導内容についても、改めてお話しします。

文面のやりとりだけではこちらの気持ちまでは伝わりませんし、最悪、文面に残したことがかえって逆効果になる場合もあります。

また、けがをさせてしまった子どもは、わざとではなかったとしても、けがをした子どもに謝らなければならないですから、けがをさせてしまった保護者の方には、

「もし可能でしたら、先方にご連絡いただけないでしょうか」

とお願いすることも必要です。

保護者の方は、学校にいるわけではないので、何事も状況がわかりません。様々なことに不安な気持ちになるのも当然のことです。

ですから、なるべく正確な状況を伝えるとともに、直接お話をし、話し合いの雰囲気や、こちらの気持ちをお伝えすることで、不安な気持ちを解消しようとすることも大切です。

また、**この不安は時間が経てば経つほど大きくなっていきます。**簡単に白黒つけられないトラブルであっても、今後トラブルが起きないように子どもに考えさせ、できるだけ早くそのことを保護者に伝えます（そして、できれば保護者同士で連絡を取っていただき、わだかまりがないようにしていきます）。

「そうは言うけど、そんなことでは納得してくれない保護者がいて困っている！」

と思われる先生もいるかと思います。

その通りです。

こちらができることをして、最善を尽くしたとしても、納得いただけない保護者もいます。

最初から、こちらの考えを聞いていただけなかったり、どんなときも「自分の子どもは悪くない」という考えをおもちだったりする保護者の方に納得いただくことは難しいでしょう。

そういった方と話をするのは、学級担任だけでは難しいと思います。

抱え込まず、管理職や先輩の先生の協力を得て対応する以外に、方法はありません。

いくら相応の教師経験を積んだからといって、シビアな保護者対応を一人で抱え込むのはNGです。

しかし、**トラブルに対処するのが遅かったために、保護者の不信感が高まってしまったというケースも少なくありません。**本当は話を聞いてくださる保護者なのに、こちらの対処が遅かった結果、話を聞いていただけなくなる保護者もいます。

そういったことにならないためにも、トラブルが起きた際は、とにかく早めの対処を心がけることが大切です。

いずれにしても、学校で起こるすべてのトラブルを円満に解決するというのは不可能です。

また、結果として間違った対処をしてしまうこともあるでしょう。

それでも、できる限り細やか、かつ迅速に対処することが、誠心誠意の対応ということになると思います。

「人は見た目で判断される」と心得よ！

「人のことを見た目で判断してはいけません」

その通りです。

人のことをわかろうとするのであれば、その人の話を聞き、自分の考えを伝え、お互いに意見交換をしなければなりません。決して、見た目でその人のことを決めつけることはあってはなりません。


しかし、「身だしなみ」という言葉があるように、その場に合った服装というのは存在します。結婚式にジーパンとTシャツで行ったら、間違いなく場違いです（それを「かっこいい」と思うのは、反抗期の中学生か、吉田栄作のファンぐらいです）。

そして、

「常識がない人だ」

とは思われるでしょう。

常識がなくても、人格的にすばらしい人はたくさんいます。

だから、「身だしなみなんて気にする必要はない」とおっしゃる方もいるでしょう。それはそれでかまわないと思いますが、教師にとっての問題は、（子どもや）保護者に対してその言い分が通用するか否かという点です。

例えば、保護者会のとき、保護者の方はどんな服装で来られるでしょうか。

たぶん、多くの方は、人に会うときのことを考えた服装で来られるでしょう。

もし、そうであれば、教師も場をわきまえた服装を考えた方がよいでしょう。

相手が気を配っているのに、こちらが気を配らなければ、相手の心証を害するのは当然です。

おしゃれでいる必要はないと思います。

しかし、相手に不快感や不信感を与えるような服装は控えるべきです。

特に、最近の若手教師は、身だしなみに気をつかっている先生も多いので、気づけば自分だけ浮いていた、ということもあり得ます。

ただし、どんな服装がよいのかは一概には言えません。

その人の個性もありますし、考え方もあります。ですから、自分なりに失礼のないように考えて、身だしなみを整えればよいのだと思います（私はいつもスラックスをはき、シャツを着ているだけなので、まったくお手本になりませんが、いろいろと人に聞いてみるのもよいかもしれません）。

言いたいことは、**服装1つとってもメッセージがある**ということです。

自分の着たい服を着るのはよいことだと思います。しかし、それは相手がいない場合です。休みの日に遊びに行くのであればかまいません。

学級というのは、決して教師の趣味の場ではありません。

子どもがいて、保護者がいます。

相手がいるのです。

その場合は、相手のことを考えた服装でなければいけません。

保護者の多くが身だしなみに気を配っているような学校であれば、特に教師も気をつけた方がよいでしょう。

「スーツを着て、ネクタイをしなければならない」

なんてことはありません。一番大切なのは、**自分なりに身だしなみに気を配っていることが相手に伝わるということ**です。

——とはいえ、ＯＶＥＲ35のおじさん教師に1つだけ伝えたいことがあります。

「スーツに白靴下は止めた方がよい」

通知表は、辻褄合わせではなく、材料で勝負しろ！

学期末になると、通知表を渡します。

通知表は、子どもの学校での様子を保護者に伝えるためのものですが、子どもにとっても重要なものです。何を言っても、結局は評価の結果を表したものなので、「自分がどのように評価されたのか」ということが気になるわけです。

評価がよければうれしいし、悪ければ悲しいのです。

保護者は、子どもが持って帰ってきた通知表を見て、いろいろと考えることでしょう。よい場合は「よかったね」となるでしょうが、悪かった場合は「どうして悪かったのだろう」と思うことでしょう。

個人面談で一人ひとりの保護者に、通知表の内容について話ができるのであれば問題ないでしょうが、そういうことができない学校もあります。

そういう場合は、**通知表を子どもに渡す際、よかった点と改善すべき点を手短に伝えるとよい**と思います。

子どもは子どもで自己評価をしています。

テストの結果のように、だれが見ても明らかな結果を基に評価するのであれば、自己評価と成績に齟齬は生じないかもしれませんが、成績はテストだけでつけるものではありません。

まして、生活の様子については、明確な評価方法が確立しているわけでもありません。

だから、その評価をした根拠をある程度伝えないと子どもも納得できないでしょう。

これは、保護者も同じ気持ちだと思います。

私は、子どもの気になったことはメモするようにしています。

書く内容は、**子どもの名前と、その子が何をしたのか**です。

よいことも、改善すべきことも、気になったことは何でも書きます。そのメモを、通知表を作成する前に読み返してから評価をします。

そして、通知表を渡す際に、そのメモを見ながら、よかった点と改善すべき点を子どもに伝えます。

もし子どもが通知表を持ち帰った後、保護者から評価内容について問い合わせが来たとしても、その理由を説明できるようにしているということです。

評価を伝えることは、本当に心苦しいものです。

子どもに自信をなくさせてしまう恐れもあるからです。

しかし、だからといって、たくさん「よくできる」をつけて反発されないようにするというのも間違っています。

だからこそ、**評価をするときは、なるべく多くの判断材料を見つけ、根拠をもたなくてはならない**のです。

適当に評価をすることは、絶対にしてはいけません。

それだけ、評価というのは人にとって重要なものなのです。

甘い評価でもなく、厳しい評価でもなく、根拠に基づいた評価をする。そして、その根拠を、子どもにもしっかりと伝えることが大事なのです。

そうすれば、どんな評価であっても、おのずと保護者の方にも納得していただけると思います。

また、教師としては、通知表を渡して終わり、ではなく、
「次の学期は、この子のこういうところを伸ばし、こういうところを改善できるようにしてあげたい」
と、自分の中で確認することを忘れてはいけません。

改善すべき点が認められる多くの場合、自分の指導力不足が原因でもあるのです。

――ちなみに、私は自己評価と他人の評価が大きく食い違うタイプです。
もちろん、自己評価の方が高めです。

失敗よりも、手抜きが招く結果を怖れよ！

保護者対応にも、失敗はつきものです。

どんなにがんばったとしても、失敗することはあります。

また、失敗はだれでも怖いものです。

しかし、失敗よりもっと怖いことがあります。

それは、**手抜き**です。

手抜きは保護者に必ず伝わります。

ある程度の教師生活を積んできて、いろいろな要領を覚えてきたＯＶＥＲ35教師だからこそ、特に気をつけたいポイントです。


もちろん、日々の忙しい学級経営の中で、ムダなことをやる必要はありません。

一度やってみて、あまり効果がなかったり、プラスにならなかったりするものは、続ける必要はないでしょう。しかし、そのことと、手を抜くことは、意味合いが全然違います。

昨今、働き方改革という言葉が盛んに叫ばれています。

個人的には、とてもよいことだと考えています。

やはり、効率的に仕事をするのは大切なことですし、その結果、余暇を楽しんだり、研鑽を積んだりする時間が増え、教師にとっても、子どもにとってもよいことが多いと感じています。

ただし、自分のやるべきことをやらないというのは、ちょっと違うと思います。やるべきことを、どのように時間内にやるかを考えることが、働き方改革なのだと思うのです。

もし、時間ばかり気にして、自分の仕事を最後までやらないことが続いたら、どうなるでしょうか。間違いなく、まわりの信頼を失うでしょう。同僚だけでなく、子ども、保護者からも信頼を失います。

そうなれば、居心地が悪くなり、仕事がしづらくなることでしょう。

信頼を失えば、自分の言うことに耳を傾ける人は少なくなります。

どんなに正しいことを言ったとしても、受け入れてもらえなくなることが増えます。これは、対同僚だけでなく、対保護者についても当然同じことが言えると思います。

日々の授業や、子どもへの対応に手を抜かない。

もちろん、毎日完璧に授業準備をすることはできないでしょう。それでも、できる限りで自分のベストを尽くすことはできます。また、子どもが何か問題を抱えたとき、見て見ぬふりをせず、できる限り早めに対応するのです。

とはいえ、何か目の前に面倒なことがあると、人は迷います。

ついつい、楽な方を選びたくなります。

しかし、そのときは楽かもしれませんが、放っておけば、どんどん問題は大きくなり、対応しきれなくなります。

また、手抜きによって失った信頼は、そう簡単には取り戻せません。

だから、

「何か迷ったときは、面倒な方、大変だと思う方を選ぶ」

と思っておけばよいのです。

それだけでも、無意識の手抜きをかなり回避することができます。

繰り返しになりますが、教師にも、うまくいかないときもあれば、失敗するときもあります。

それで落ち込むこともあるでしょう。

しかし、手を抜いて後悔するよりは、やれることをやって失敗する方がずっとマシです。

そういう真摯に取り組む態度は、人の心を動かすものです。

そのときは単なる失敗で終わったとしても、

「この先生はいろいろと問題あるなぁ…。でも、一生懸命やってくれているから、応援してあげよう」

と思ってくれる保護者も必ずいます。

そこまではいかなくても、言い訳せず、一生懸命にやっている教師に悪い印象を覚える保護者は絶対にいません。

手を抜かず、一生懸命にやることが、人の心を動かす。

1つつけ加えるとしたら、ここに**ユーモアを忘れずに！**
ただただ一生懸命だと、それはそれで相手も疲れてしまいます。
ここは、ＯＶＥＲ35教師ならではの余裕を見せましょう。

【著者紹介】

加固　希支男（かこ　きしお）

1978年生まれ。立教大学経済学部経済学科を卒業し，2007年まで一般企業での勤務を経験。2008年より杉並区立堀之内小学校教諭，墨田区立第一寺島小学校教諭を経て，2013年より東京学芸大学附属小金井小学校教諭。

日本数学教育学会算数教育編集部幹事。

2012年に所属する「志の算数教育研究会」の共同研究が第61回読売教育賞最優秀賞（算数・数学教育）を受賞。

〈著書〉

『なぜ算数の授業で子どもが笑うのか』（2016年，東洋館出版社，単著），『数学的な見方・考え方を働かせる算数授業』（2018年，明治図書，共著），『発想の源を問う』（2019年，東洋館出版社，単著）他多数

学級経営 OVER35

ポスト若手時代を逞しく生き抜くための心得

2020年３月初版第１刷刊 ©著　者　加　固　希　支　男

発行者　藤　原　光　政

発行所　明治図書出版株式会社

http://www.meijitosho.co.jp

（企画）矢口郁雄（校正）大内奈々子

〒114-0023　東京都北区滝野川7-46-1

振替00160-5-151318　電話03(5907)6701

ご注文窓口　電話03(5907)6668

＊検印省略　組版所　株　式　会　社　カ　シ　ヨ

Printed in Japan　ISBN978-4-18-295812-0